《玩转众筹》实践版
"大众创业"新宝典

CROWD
实战众筹
FUNDING

张栋伟 著

文汇出版社

图书在版编目（CIP）数据

实战众筹 / 张栋伟著 . —上海：文汇出版社，2015.10

ISBN 978-7-5496-1617-6

Ⅰ . ①实… Ⅱ . ①张… Ⅲ . ①融资模式—研究—中国

Ⅳ . ① F832.48

中国版本图书馆 CIP 数据核字（2015）第 239328 号

实战众筹

作　　者 / 张栋伟

责任编辑 / 戴　铮

封面装帧 / 李　廉

出 版 人 / 桂国强

出版发行 / 文匯出版社

　　　　　上海市威海路755号

　　　　　（邮政编码200041）

经　　销 / 全国新华书店

照　　排 / 上海歆乐文化传播有限公司

印刷装订 / 启东市人民印刷有限公司

版　　次 / 2015年10月第1版

印　　次 / 2015年10月第1次印刷

开　　本 / 889×1194　1/16

字　　数 / 100千字

印　　张 / 14.5

书　　号 / ISBN 978 - 7-5496-1617-6

定　　价 / 198.00元

编委名单

总 顾 问：孙宏生

顾　　问：杨雪梅　杨程成　路佳瑄　张　舒　朱　江　管　鹏

编辑委员会：赵长升　高新文　袁　野　徐利华　王富烨　李化龙
　　　　　　赵勇强　何建敏　张文博　魏立友　顾　艳　王明磊
　　　　　　邹李青　李春晓　谌丹丹　杨程成　李锦普　袁　珂
　　　　　　蒋华勤　张崇杰　陈伟杰　闫宏飞　陈思宇　姜　帆
　　　　　　李锦普　曹晓辉　樊玉东　李恒娜　仝胜选　周　峰
　　　　　　江　厅　霍　红

序　言

相信大家知道一个段子,在互联网和朋友圈传播得非常火,是关于请客吃火锅的。

话说某个人想要在家里吃火锅,于是他就给朋友 A 打电话说:"今天我请大家吃火锅,东西都基本准备好了,就差点儿白菜,你来的时候顺便带点儿就行了。"再给第二个朋友打电话说请客吃火锅,万事俱备就差点儿羊肉,给第三个人打电话说就差点儿酒,给第四个人打电话说就差一点儿底料……如此这般之后,他就在家里烧了一锅开水,坐等吃火锅。传播者声称,这就是"众筹"。

错!这个不是众筹!这个行为叫做众包(Crowdsourcing),并不是众筹(Crowdfunding)。

众包是指把一个特定的项目,交给不同的人来进行分解完成,这样可以完成自己一个人没有能力完成的事情。众包的风险在于什么?以这个请客吃火锅为例:你的朋友们基本都到了,大家拿着菜、拿着肉、拿着酒来了,并且你的水也烧好了,这个时候应该负责拿底料来的小伙伴打来电话,说"路上太堵车了,今天就不过去了,谢谢你的好意"。然后?所有人都傻在家里了。

百度百科就是一种典型的众包形式,通过集聚大众的智慧,完成了史上最大的中文百科知识库。

如果请客吃火锅是按照众筹方式呢?那么就是所有准备来吃火锅的同学,需要按照数额不等的价格,将款首先打给发起请客的人。如果出现有某个受邀者没有如期赴宴,完全不会影响其他受邀者享用火锅大餐。

风险控制方式,就是众筹和众包最大的区别:众包是把所有风险控制都给予分散,任何一个环节只要出问题,代表整个项目失败。而众筹是风险控制集中,只有项目发起人自己出了问题,才会造成项目风险。

这就是我过去一年来在全国辛苦奔波,去给大家讲众筹的原因。眼下任何一个新的事物出现后,首先骗子最敏感,马上就能够很熟练地进行概念包装,混淆视听,并且和自己的需求进行应用结合,然后把我们传统行业的钱全洗一遍。最终,受骗之后大家才明白什么是真正的众筹。

2014年5月,在魏来兄的攒合下,我们一帮在众筹行业的先行者,集体编撰了《玩转众筹》,至今仍是行业经典。但受限于当时的工作经验和实践范围,其中部分理论知识已经不能全面指导当前的市场现状,尤其在实际应用中缺乏可操作的指引。同时这一年来,随着国家政策对于众筹市场的态度明朗化,使得对众筹的需求已经全面社会化,特别是淘宝、京东、苏宁、国美等大型企业相继进入众筹领域,众筹成为一种普遍性金融工具的时代即将到来。因此,为了继续贯彻"理论指导实践"这一原理,帮助社会大众了解、学习和使用众筹工具,助力"大众创业、万众创新"的发展大潮,本人结合众筹网近两年的工作实践,以及与业内人士的沟通交流成果,形成此书。

感谢众筹网CEO孙宏生先生对本人工作的大力支持,得以亲历诸多行业案例;感谢众筹网各行业部门提供经典素材;感谢王薇小姐为我记录演讲内容,帮助我克服了"拖拉机"顽症,使本书得以早日面世;感谢众筹网第一投资人徐利华女士给予的建议和意见。

感谢老领导刘韧、雷军、陈年、张建国、刘述尧、黎锋、陈俊、刘晓松、徐小慧,让我有了丰富的从业经历。

尤其要感谢我的团队成员袁珂、李锦普、谌丹丹、周峰、仝胜选,还有地方站的小伙伴们,让我们一起为创业者实现梦想而奋斗!

Fighting!

目 录

Contents

第一章　基础概论

　　我一直在互联网行业从事市场营销工作,2000 年 ~2005 年,从事社团工作师从刘韧老师,管理中国最早的 IT 社区 DoNews.com。2003 年加入卓越网担任市场总监,2004 年卓越网卖给了亚马逊成为亚马逊中国之后,加入中华英才网担任市场总监,2005 年中华英才网卖给了全球最大的在线招聘网站 Monster.com。2005 年加入风网 100TV,运营中国最早的三大手机电视牌照。此后在 IDG 旗下网尚文化集团担任副总裁,分管过网吧院线、在线视频和点播式电影院线(半个房地产业务)。在 A8 音乐集团担任刘晓松的助理,研究过互联网和演唱会的结合。2013 年,加入了众筹网。

　　这 15 年以来,我经历了中国互联网的成长史。

　　卓越网,2004 年之后叫亚马逊中国。雷军因为持有 10% 的股份,所以卖掉卓越网之后,作为一个长期的“中关村劳模”有了一大笔钱,这也是雷军和陈年挣的第一笔大钱。他拿着这笔钱还没想好该干什么,于是他干了一件简单的事情,就是向很多互联网创业的小项目投资一小笔钱。

最后的结果是有了多玩网、有了YY、有了UC浏览器等等一系列成功的项目，一直到最终，有了传奇的小米。这是早期股权投资最经典的案例：用很少的钱支持一个创业梦想，广泛撒网，重点捕捞，一人得道，鸡犬升天。

中华英才网，当时和51JOB前程无忧、智联招聘并称为三大招聘网站，成功卖给了Monster。遗憾的是，Monster先后为中华英才网投入了约2.5亿美元，但是最终以几千万的价格还无法出手。如今，猎聘网、拉勾网才是招聘行业的弄潮儿。这是中国的互联网魔咒：只要是总部在国外的互联网企业，在中国都是死路一条。一路走来，雅虎、谷歌、火狐、eBay……中华英才网并不寂寞。互联网时代的特征是本地化，以及快鱼吃慢鱼。

风网100TV很少有公众知道，它是手机电视运营商。传统互联网时代是按照文字、图片、视频这个顺序发展的，所以在移动互联网时代，应用也是按照短信（文字）、彩信（图片）发展，我们认为在3G的时代就该是视频了。因此，在中国颁发了三张手机电视牌照，即央视CNTV、上文广东方龙和国际台CRI之后，风网100TV合作运营了国际台牌照。但遗憾的是，为什么公众都不知道风网100TV？因为整个3G时代在中国被错过了，政府一直不发3G牌照，从2005年开始一直不发，所以凡是在3G产业里面做投资的公司基本全死了，没有人在3G时代赚到钱。等到政府终于觉得可以发3G牌照的时候，满街已经是WiFi了，3G应用没有意义了。这件事情对我的教育意义就是：中国的经济不是一个纯粹的市场经济，是政府主导下的市场经济，我们做什么事情之前是需要看政府的政策态度。但现在完全不同，今天政府只要提倡干什么，几乎一个月内配套政策就能够在全国完成。所以在这种情况下，政府鼓励干什么我们就一定要干什么，互联网金融、股权众筹都已经成为政策法规文件的一部分，"大众创业、万众创新"的时代来了！

IDG是国内最早的风险投资公司，因为有了IDG才使得中国有了风险投资行业。上世纪80年代初熊晓鸽刚回到中国，创立第一个1000万美元的VC基金，将近一年时间投不出去。原因是什么？你给我一大笔钱，只占个小股份,赔了还不用还本,骗子,绝对的骗子。在这种情况下,将近7年时间IDGVC都是颗粒无收。不过,这段时间里熊晓鸽找到了7个合伙人,从多年好友周全的加盟,到章苏阳、林栋梁、杨飞,再到后来的王功权、王树和1999年加入的过以宏、李建光,从而建立了九大金刚的黄金阵容。

最终,VC行业获得了社会认同,IDGVC书写了股权投资的历史:投资名单包括了当时已经消耗完第一笔天使融资、靠10万美元桥式贷款艰难度日的张朝阳,拿着改了六个版本的商业计划书还没找到一分钱的马化腾,以及2000年初到处寻找A轮融资的李彦宏。一段时期,电脑桌面上的一半图标都和IDGVC有关。IDGVC单个项目资金一般控制在百万之内,一共投了大概四五百个项目,虽然最后死掉了两三百个,但随着百度、腾讯和搜狐等公司上市,以及易趣、搜房等公司的股权转让,IDG开始获得了极大回报。仅百度的投资,就为IDG带来了超过1亿美元的回报。IDG统计数据显示,第一只基金从1993年开始,到2003年为止,年均回报率是36%;第二只基金是从1999年开始的,回报率超过40%,而到2006年底,IDG共在中国投资不到2亿美元,回报已经达到十多亿美元。

为什么需要回顾这个从业史?这是一个中国的互联网发展的脉络。套用一个当前的流行词,李克强总理提出的"互联网+",他一语道破了整个互联网经济的特色。

卓越网是什么,就是互联网加零售业,即电子商务。当互联网和零售业结合以后,在过去10年里发生了翻天覆地的变化。阿里巴巴的市值近2000亿美元,这是对整个零售商业发生的变化。

中华英才网本质则是互联网加信息中介产业。招聘网站提供一个信息,把招聘者和应聘者通过信息中介进行连接。信息连接现在做得最好的是58同城和赶集网,我们找房子、卖房子、租房子、招小工、找家政,基本上都是在这些网站完成了,中介这个行业正在一去不复返。

凤网100TV,互联网+影视。

IDG 旗下网尚文化集团,互联网 + 娱乐。

A8 音乐集团,互联网 + 音乐。

……

回顾过去的 15 年里,我们看到互联网行业除了金融以外,都在各个行业出现颠覆式的创新。

互联网是一个工具,如果运用得当,它会使你原来的工作变得更加有效率。这个效率会体现在两个方面:第一,成本大幅度降低;第二,就是快。互联网是基于计算机的 IT 应用,是软件驱使硬件 24 小时干活,永远没有情绪,永远不罢工,永远不要求加薪也不要求休假,按照标准化进行非常有效率的工作。

过去 15 年整个社会发生了什么事情?是会使用互联网工具的传统企业,打败了那些不会使用互联网工具的传统企业。在 15 年前,我刚刚入行的时候,介绍自己是在网站工作,人家会觉得互联网是一个行业,互联网关我什么事儿。我是做食品的、做服装的,而你做互联网的,大家完全不是一个行业。凡是抱有这种观念的企业,现在都很惨。

下一个 15 年会发生什么呢?这就需要问一个问题:在过去 5 年房地产行业很悲剧,可是曾经房地产这个行业是我们中国的财富的代名词。只要一说某人是搞房地产的,我们心中马上就冒出来三个字:大老板,有钱。因为房地产是在我们传统行业里面阶层最高的行业,已经基本是顶层的行业。那么房地产行业它会给谁跪?也就是它会有求于另外哪个阶层?你认为是什么?政府还是银行?

过去的 3 年,至少有 95% 的房地产公司过得不好,但是还有 5% 过得很好。原因是什么呢?就是因为 95% 的房地产企业在过去都以为自己是给政府跪的,都认为自己是该给政府跪的,所以有一天给政府跪不管用了,然后就没办法了。因为我们认为房地产给政府一跪就能给块地,再给政府一跪许可证办好了,再跪销售证办好了,开发缺钱给政府一跪就可以去银行拿到了,最粗放式的资源型经营。突然银行不给房地产贷款了,结果几乎全行业马上傻了。

但是还有 5% 活得很好,比如就在几乎所有房地产公司缺钱的时候,万达地产在青岛投资 500 亿搞东方好莱坞,然后在武汉开幕发布了汉街项目,投资 600 亿建立了全亚洲最大的文化主题房地产项目。

众筹网也借这个时期,和万通的冯仑老师合作成立了"众筹筑屋",打造房地产行业的互联网金融平台,去帮助各地做不下去的房地产商,支持他们重新盘活资金。

从这两三年房地产行业的遭遇,我们看到传统行业最顶尖的行业在金融面前,因为不懂金融知识和缺乏金融能力,全国性开始崩塌。政府真想眼睁睁地看着这些房地产公司倒闭吗?也不想。因为当地房地产可以拉动经济催生就业。但是政府也要给金融跪的,金融这个力量才是真正决定整个社会的力量。太多人不了解金融这个巨大的生产工具,所以从房地产行业的衰落可以看到的趋势,就是接下来的 15 年会发生什么?

未来的 15 年,将是会使用金融工具的企业,打败不会使用金融工具的企业。甚至包括我们个人,懂得使用金融知识的个人,都将一定会生活优于那些不会使用金融工具的个人。在没有阿里巴巴的余额宝之前,大众还不明白什么叫理财,以为理财就是只有买保险和买股票。直到有了余额宝,才明白原来钱不仅仅是可以放在银行里,如果放在其他的理财产品里,就或许可以得到一个比银行更高利息的收益,才明白了原来我们每个人其实都有理财的需求。

这就是金融。我们今天哪怕所有的人现在均贫富,所有的人钱全部都变成一样多,一年以后会使用金融工具的人的财富就会发生变化。由于整个社会的财富总额是一定的,既然有的人钱多了,就代表着有的人钱少了。一年以后,大家的财富就又不平等了,会使用金融工具的人生活变得更优越,不会使用金融工具的人就变得更穷。而且社会资源流动会有马太效应,越有钱就会变得更加有钱,因为他具有更高的信用值,使得更多的资源向有钱人流动。这是未来 15 年将要发生的事情。

金融是整个社会最顶尖的行业,而互联网又是一个超级有效率的工具,那么互联网加上金融,它会就呈现出巨大的颠覆力量,使商业秩序重构。早一天了解互联网金融,我们就可以早一天颠覆现有的秩序,或者至少不被别人颠覆。

互联网金融的三大领域

什么是互联网金融?

互联网金融基本模块是由三个部分组成:第三方支付、互联网征信和众筹。

可以这样来理解:如果假设资金是汽车,现在汽车已经发明了,我们需要发展一个新的产业,就是交通产业,首先应该干什么?

是的,要先修路。

金融两个字意思就是资金融通。第三方支付就是整个互联网金融产业的道路系统,资金在上面进行流转。第三方支付最通常的案例是阿里巴巴的"支付宝",以及腾讯的"财富通",线下最大的第三方支付则是银联(众筹网依托的是母集团下属"先锋支付")。

道路的收费模式,最直接的就是过路费。所以,第三方支付的交易费是其重要的收入模式。这也是第三方支付拼命拓展终端数量的原因。

发展交通产业,道路已经修好了,需要再做什么?

需要决定谁可以上车上路,谁可以开哪种车,就是颁发驾驶证。对于互联网金融产业,就是征信业务。征信业务是通过对个人过去的各种金融行为,比如消费额多少、是否有欠电话费、信用卡是不是按时还、有没有房子有没有车子、有没有未还的贷款等等数据进行统计,在金融这个虚拟的世界里复制一个你,由此来判定是否允许你即将发生的金融行为。

比如李克强总理1月份在腾讯微众银行发放第一笔贷款,卡车司机只需要在电脑上提交个人资料和贷款请求,通过摄像头的人脸识别系统瞬间一扫,就可以确定他的身份,通过对贷款者本人的征信分析,马上判定是否可以信用贷款以及可以放贷的额度,瞬间完成。

为了追求新闻的仪式感,放贷现场特意安排了总理按下按钮。实际上,这些所有的审批动作都是在瞬间自动完成,也就是在一秒钟之内,提交、审批和放款都自动完成了,钱已经到了贷款者的账上,这就是互联网之下的效率。之所以能形成这样的效率,就是因为征信业务。

已经有了道路,也颁发了驾驶证,这个时候我们就真的开始要开车上路了。考了 A 证开大客车跑长途,考了 B 证的开大货车,C 证就开始跑出租。互联网金融里面所有应用都可以称之为众筹*。众筹为什么加了星号?因为这个词相当于“水果”,其中包含苹果、香蕉、梨等不同的具体类别。

为什么互联网金融会有巨大的效率?就是因为“众筹”代表着“众”+“筹”。众是指互联网连接了足够多的人,筹是指资金通过互联网进行汇集。美国为什么这么担心中国发展众筹?就是因为中国的金融产业,有可能用众筹这种形式改变美国金融系统的地位。

“众”就是要比人多,要比网民多,中国的网民全球第一,8 亿网民,每个人投资 100 块钱,瞬间就可以形成 800 亿元的资金池,非常容易。所以这件事很可怕,也就是中国要通过这种方式去调动资金就非常容易。如果政府发出号召,建议大家为了收钓鱼岛需要募捐制造航母,分分钟就可以汇集上千亿元的资金。

美国很担心中国在众筹方面的政策突破,最近批准了美国的公募股权众筹政策,允许企业通过众筹方式最高募资 5000 万美元!这基本相当于是小型的 IPO!就是因为害怕中国的创业环境超越美国,一定要做出更宽松的政策。

第三方支付 + 互联网征信 + 众筹,这三个部分构成了整个互联网金融的基本系统。

融资成本关系

在了解众筹之前,必须要再次强调“众筹”是一个金融工具,它是一个金融业务,不是我们民间玩的凑份子。

既然是金融业务,即资金融通。资金融通的时候一定会产生成本,所以当我们准备要了解什么是众筹的时候,首先我们要了解一下融资的成本关系的问题。如果我们现在需要为项目做融资,肯定要先找最便宜的钱。最便宜的钱在哪里? 银行。

为什么银行最便宜? 因为银行是普惠金融。

那它为什么普惠呢? 我们要了解,为什么会出现银行。这也是我们前面已经反复提过的,一个金融工具的创新,会重构社会秩序。

比如在中国曾经发生过的事情:清朝后期,太平天国已经占据了整个南半个中国,而且是中国最富饶的长江中下游。双方进入了战略相持阶段,打的是资源。如果想快速结束这个战争,就需要大量的资金。因为当时清兵和太平天国打仗,已经不是单纯的中国人和中国人的战斗,而是洋枪队与洋枪队的战斗,双方各自拥有相当规模的外国雇佣军。由于清政府内忧外患,国库早已空虚,所以根本无力镇压太平天国。清政府需要一笔钱,国库又没有钱,怎么办? 最后清政府想到了出钱的主,时值山西金融当时出现了一个创新,叫什么?

票号。

山西有票号,清政府就可以用皇家的权威,借钱出来,通过封赏几品道员,厘税担保,获得了大批军费,最终清政府从票号借到了足够多的钱,最终打赢了战争,使得清政府又往下延续了几十年。

票号是一个重要的金融创新,挽救了一次大清王朝,还在赔付八国联军等等多次重要政治事件中,呈现出金融的力量。但是清政府没有明白这是金融的力量,以为这是政府的力量,没有意识到金融票号是个金融创新,所以也没有去扶持它、发展它,继续沿袭了我们几千年来的传统,依然是重农抑商。这个过程中,国外的金融工具进来了,叫银行。有了银行以后,山西的票号陆续倒闭,银行竞争超过了票号,因为它就像刚刚说的利息很便宜,人人都贷得起,而票号其实是一种高利贷行为,所以它很快把高利贷消灭掉了。但是清政府没有注意到这个变化。到 1911 年又一次危机出现，驻扎武昌的新军一个旅哗变了，其实仅仅是一个旅叛变，却在几个月之内造成了清政府灭亡。因为起义之后，清政府立即调动军队前往镇压，但部队开拔到了滦州就不走了。为什么？军饷还没发呢，你得把军饷拨了才能去打仗。清政府没钱，这时候再去找票号，但是票号已经没了。然后去找银行，银行可不在乎你的几品道员，关税早就是国外的了，还有什么可以抵押的？要不房产抵押也可以，你把紫禁城抵押给我。抵押不了，就拿不到钱，拿不到钱就没有军队，就不能打仗。怎么办，你们和谈吧。最终就和谈，谈的结果就是大清朝你别玩了，你的这个时代结束了。

这就是金融的力量，所以金融重构社会秩序是血淋淋的。银行消灭掉了票号，使得一个统治时代结束。

银行从哪里来的？

全世界有史以来产生过一个伟大的国家就是英国。为什么是英国？

第一，从物理上的国家疆域来说，英国绰号叫"日不落帝国"，整个地球上太阳永远在它的国土照耀，疆土遍布全球。一直到今天，英联邦依然是全球性组织，澳大利亚、新西兰、新加坡、加拿大等等依然属于英联邦。

第二从文化上，全球的通用语言是什么？英语。学不会别人国家——英国的语言，我们就拿不到大学毕业证。

第三，英国创立了现代法律体系。在做国际贸易的时候，如果我们跟国外商人签合同，约定如果发生纠纷要进行仲裁，会指定仲裁地点。如果这个生意比较小，我们一般会选择在新加坡仲裁，离得近；如果生意比较大，我们会选择去英国仲裁，会指定英国的伦敦和加拿大这些地方来仲裁，他们都有一个共同的特点，都是英联邦国家。为什么我们选择英联邦国家仲裁，而不在自己的国家仲裁？因为全球的海洋法系就是由英国制定的，英国通过自由贸易建立出来的法律体系，强调公平。

作为有史以来这么一个伟大的国家，英国又是怎么伟大起来的？它仅仅是岛国，资源匮乏，人口匮乏，第二次世界大战完全靠美国夜以继日地通过海上生命线输送资源,它为什么会变成全球这么伟大的国家? 就是源于一次金融创新。

在大航海时代,在欧洲最强大的国家是西班牙和葡萄牙,因为西班牙通过哥伦布发现了新大陆,把美洲的资源运回到西班牙。哥伦布探险是谁资助的? 那时候没有风险投资机构,是王室,伊莎贝拉女王给的钱。所以这个钱拿到以后,伊莎贝拉王室作为投资人,要拿走大部分的收入。所以这些资金资源即便到了西班牙,也只属于少数人——王室、船长和水手。少数人很有钱,但是这个国家是贫穷的。整个综合国力并没有发展起来。

英国则在当时出现了一个著名的领袖,就是伊莉莎白女王。伊莉莎白女王终身未嫁,把自己的一生都献给了国家,她立志要让英国强大起来。但此时英国还没有基础的实力,首先需要完成原始积累。怎么办? 众筹? 那时候哪儿有众筹。抢! 没错,完全靠抢。英国实行了官方制度,鼓励大家去抢西班牙和葡萄牙的船队。这个法令叫做"私掠船"制度,只要你抢来的钱上缴国家一部分,那就是合法的。全民抢劫,完成了原始积累。

大家有了钱,就需要存放。民众为了安全,都要把钱存放在国王的金库里。这里要注意,那个时候还没有纸币,所谓存钱就是指存放黄金。因为那时实行"自由铸币"(Free coinage)制度,任何人都可以把金块拿到铸币厂里,铸造成金币,所以铸币厂允许顾客存放黄金。

但是由于铸币厂是属于国王私有的,国王就有私下动用铸币厂里的黄金的可能性。1638年,英国的国王查理一世(Charles I)同苏格兰爆发了战争,为了筹措军费,他就私自征用了铸币厂里平民的黄金。后来1649年,他在著名的英国资产阶级革命中被克伦威尔砍了头。

虽然被征用的黄金最终都还给了原来的主人,但是民众已经知道国王的铸币厂不再安全了。于是,他们改为把钱存到了金匠(Goldsmith)那里。金匠为存钱的人开立存取凭证,以后拿着这张凭证,就可以取出黄金。

但是黄金存存取取很不方便,所以后来大家直接用黄金存取凭证来相互交易即可。这个时候,还处在票号的阶段。

渐渐地,精明的金匠发现,客户很少有实际提取黄金的需求,于是就开始开具虚假的凭证向别人放债,只要所有客户不是同一天来取黄金,就可以把存放的黄金"假凭证"等同于"真凭证"。这就是现代银行中"准备金制度"的起源,也是"货币创造"机制的起源。为了保障归还积极性,放债利息比较公允。这是 17 世纪 60 年代,现代银行诞生了。

1689 年威廉一世入主国库空虚的英国,并与法国路易十四持续战争,资金需求几近饮鸩止渴。银行家们向国王提出一个从荷兰学来的新生事物:建立一个私有的中央银行——英格兰银行,来为国王庞大的开支进行融资。

这家私人银行向政府提供 120 万英镑的现金作为政府的"永久债务"(Perpetual Loan),年息 8%,每年的管理费 4000 英镑,这样每年政府只要花 10 万英镑就可以立刻筹到 120 万英镑的现金,而且可以永远不用还本钱!当然政府还要提供更多的"好处",那就是允许英格兰银行发行国家认可的银行券(BankNote),就是前述的黄金存取凭证。

一个金匠银行的存取凭证流通范围越广,接受程度越高,利润就越大。而英格兰银行发行的银行券的流通范围和接受程度都是其他银行远远无法比拟的,这些国家认可的银行券就是国家货币。

英格兰银行的核心理念就是把国王和王室成员的私人债务转化为国家永久债务,由全民税收做抵押,由英格兰银行来发行基于债务的国家货币。这样一来,国王有钱打仗或享受了,政府有钱做自己爱做的事了,银行家放出了他们日思夜想的巨额贷款和得到了可观的利息收入,似乎是一个皆大欢喜的局面,只有人民的税收成了被抵押品。由于有了这样强大的新的金融工具,英国政府的赤字直线上升,从 1670 年到 1685 年,英国政府财政收入是 2480 万英镑,从 1685 到 1700 年,政府收入增加了一倍多,达到了 5570 万英镑,但英国政府从英格兰银行的借贷从 1685 年到 1700年暴涨了 17 倍多,从 80 万英镑涨到了 1380 万英镑。

更妙的是,这个设计把国家货币的发行和永久国债死锁在一起。要新增货币就必须增加国债,而还清国债就等于摧毁了国家货币,市场上将没有货币流通,所以政府也就永远不可能还清债务,由于要偿还利息和经济发展的需要,必然导致需求更多的货币,这些钱还得向银行借债,所以国债只会永远不断增加,而这些债务的利息收入全部落入银行家的钱袋,利息支出则由人民的税收来负担!

果然从此以后,英国政府就再也没有还清债务,到 2005 年底,英国政府的欠债从 1694 年的 120 万英镑增加到了 5259 亿英镑,占英国 GDP 的 42.8%。

银行体系的建立,使得全国财富都集中在了国家,成为国家运行的基础。政治和经济捆绑在了一起,金融成为巩固和发展国家政权的基本工具。保卫这个国家就是在保卫自己,英国借此建立了最大的日不落帝国。这是金融创新带来的巨大社会革命。

所以我们知道银行获取资金为什么是最便宜的?因为它是保证一个国家能继续发展的根本基础。

但是现在中国遇到的是一个什么问题?从银行贷不到款。中小企业和创业者在银行贷不到款,政府喊了几十年都没用。为什么没用呢?是因为银行要吸储,然后再放贷,获得中间的利差。也就是说银行本身是卖钱的商业企业,它有自己的成本,收益需要和成本匹配。如果我们去银行贷款 50 万,和去贷款 500 万,银行所要付出的审批流程是基本一样的,即付出的成本基本一样,但是它的收益完全不一样。所以,传统的银行无法满足中小企业、小微企业和创业者的金融需求,因为它的运营成本太高。

既然在银行贷不到款,但我们还是需要钱,怎么办?我们就要去找成本更高一点的钱,例如小额贷款、民间借贷,也就是进入了债权融资。

债权融资一般会让人想到"高利贷",但是"高利贷"这个词是政治名词,不是经济名词。如果我摸一摸口袋发现没有带烟,再一摸发现出门时忘记带钱包了,于是我向身边的同事说,麻烦你借我 50 块钱,明天还你 100 元,他就会愿意借给我,你说这个利息高不高? 100% 的隔夜利息。

但是他一看对呀,钱这么好赚,然后告诉我可以借我 2 万元,只需要还 3 万元,利息降到了 50%。我会不会借?

利息降了我为什么不借?因为没需求了。也就是说我们在进行债务融资的过程中,是只要你有需求,而且又还得起,多少利息都不存在高的问题。所以啥叫高利贷,高利贷是个政治名词,和"打土豪、分田地"是一个意思。

通过借贷这件事情也借不来钱呢?一个小创业者,二十五六岁,没有可抵押的财物。或者你是互联网公司或者文化公司之类的轻资产公司,银行和债权融资都行不通。这就需要股权融资。

很多人很难理解股权融资为什么成本高?拿别人的钱不用还,这不是好事儿,为什么算是融资成本更高?甚至比借债更高呢。

现在各地的总裁班,每一个老师上课都会讲到一个人,不管他是想讲啥,一定会提到马云。没办法,中国人就是这么爱拍别人马屁。中国人喜欢自己造神,没有神活不下去。但是我们看看马云干过的事情:四年前的一件极度没有契约精神的事,就是在阿里集团上市的时候,大家突然发现他把支付宝私自剥离,不再是阿里集团的上市资产之一了。这件事董事会成员根本不知道,雅虎不知道,软银不知道,他就这么悄悄地把支付宝弄到自己的手里了。他为什么做这样的事情?这个事情对所有在美国上市的中国概念股,都造成了极大的信誉问题,使得资本市场不再信任 VIE 结构,造成了多个中国概念股在美国退市。中国的神级企业家,都能干出这样的事儿,那人家还会相信中国人有契约精神吗?

马云为什么要这样干?是因为 10 年前埋下的种子。2005 年,马云鉴于巨大的融资需求,向雅虎出让了阿里巴巴集团 40% 的股份,换取了 10 亿美元投资。就在前一年,整个卓越网才卖了 7500 万美元。当时马云无限风光,完全觉得占了天大的便宜。

可是你想美国人傻吗?美国人就是做理性判断,早就开始使用数据分析来做理性判断。雅虎推算中国互联网普及了近 10 年,已经处在即将爆发的前夜,而互联网爆发首先将冲击零售行业,这是巨大的市场,因为中国人多。即雅虎认为电子商务市场在中国马上就要大规模爆发,所以才慷慨拿出 10 亿美元来赌这个局,因为阿里有 B2B、B2C,有 C2C,是完整的电子商务业务形态,再加上第三方支付生态,值 10 亿美元。后来的故事,阿里巴巴变成几千亿市值的公司。作为投资人,雅虎赌赢了,软银也赌赢了,但是马云却耍赖了。阿里集团 40% 的股份归雅虎,如果里面再加上支付宝,那是多大一笔财富!而且前面讲过,互联网金融最基础的首先是第三方支付,而支付宝又是第三方支付里面的老大。如果一个人拥有着全国的道路系统是什么概念?而且这个道路系统还在高速增长。

所以,马云只能毁约了。如果 40% 是雅虎的,他肯定心疼。实在太不幸了,当初只拿了 10 亿,现在要给人家分 800 亿。如果还要再搭上支付宝带来的未来市场,也许会是几万亿。

所以股权融资为什么成本高,是因为押上了融资者的未来。因为自己看好自己的项目,相信企业有了钱就会变得更好,所以才去融资。然后这个悖论就出现了:你的公司越来越好,你就越来越后悔——我为什么要拿那笔钱。

比股权融资成本还高的是什么?这个可能大家就会很意外:竟然是众筹。

很多人就不明白,为什么是众筹呢?拿了别人的钱做自己的事情,亏了还不用还,岂不是最便宜的钱?

首先,发起众筹项目时,我们需要设置回报。我们拿了别人的钱,就需要约定回报方式,对于投资型的众筹,回报或者是本金加利息,或者是股份或分红。不还钱也不给股份的,那叫诈骗,集资诈骗。

从融资成本角度看,众筹的回报包括了债权融资或者股权融资,也就是说从成本是没有节约的。代表着它既不比债权低,也不比股权低,这两个都需要付出。但是众筹额外还增加了成本:看看"众筹"这个词前面的"众"字,"众"代表了跟很多人沟通。银行贷款,我知道去哪里找银行,也清楚银行的贷款程序；债权融资我也知道去哪里找借款公司，一样清楚借款程序；股权融资会找投资机构或者投资人，都是很少的人在沟通。可是众筹业务，我们面对着芸芸大众，并不知道谁会是那个潜在投资人，从理论上来说谁都有给我钱的可能性，都要花时间认真地介绍整个项目，并回答所有问题，沟通成本非常高。

所以众筹是一个成本很高的融资方式，不到万不得已肯定不会用。找钱肯定是先从银行找起，银行不行找借债，借债不行再向投资人出让股份，这几招都解决不了，就不得不找众筹。众筹是用来解决传统金融不能解决的问题。

互联网金融解决传统金融不能解决的问题，如果能用传统金融解决的问题，尽量用传统金融解决。

比传统互联网金融更高的是什么？不到万不得已我们肯定不用这个办法，但是这个办法肯定很多人经常习惯用，那就是"找亲朋好友借款"。

找亲朋好友借款是融资成本最高的一件事儿，因为这个债结束不了，它是永续的，不但永续而且可能还要继承。你借了你姑父的钱，将来有可能你儿子还要还。它是永续的，随着你自己的时间越来越长，你偿还的成本越来越高。很多人觉得奇怪了，不对啊，当年创业的时候要不是亲朋好友给我们借款，我们这个事儿还办不起来。之所以如此，是因为我们几千年养成的习惯。前面说过我们中国的文化重视农业抑制商业，所以我们中国的传统思维里面缺少金融思维，遇到问题首先不会按照金融思路去思考，所以才不会想到去找银行。

我曾经在多个培训场所现场调查，说去银行申请过贷款的举个手，结果真去过银行申请贷款的寥寥无几。大部分人自己想象着估计批不了，估计流程很麻烦，仅仅想象一下，就放弃了。

我们自己还没有养成使用金融工具的习惯，所以说未来10年不会使用金融工具的你会很惨。所以我们找钱的方式一定是需要按照成本原理，从亲朋好友借钱这件事儿尽量减少，应该按照金融真正的规律去找钱。

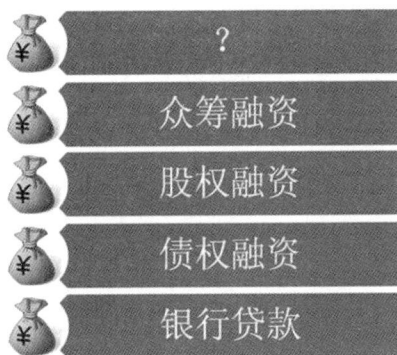

融资成本的递进关系

什么是众筹

刚才已经讲到,众筹融资成本这么高,已经超过了债权融资,超过了股权融资,为什么我们还要学习它和使用它? 这就说明众筹肯定不是单纯冲着钱来,也就是说融资是众筹的必要需求,但一定不是它的充分需求。

"众筹"是一个英文翻译过来的词汇,Crowdfunding,中文解释就是大众集资。大众集资这件事情我们不陌生,但是它有别于现实社会中进行的线下集资。现代众筹特指通过互联网方式发布和募集资金。

在线下进行筹资的行为,就是集资。如果参与集资的所有出资人都是熟人,那就是"凑份子",这跟众筹没一点关系,因为"众"一定是有陌生人参与了。但是如果我在线下和陌生人集资呢? 那就有可能变成非法集资行为,引起法律制裁。

当然并不是说线下集资活动就一定是非法,但至少这是集资行为,而不是众筹。众筹特指必须通过互联网方式。为什么通过互联网?

第一,众筹是互联网金融的应用模式,通过互联网把融资项目公开化,使得诈骗的可能性变小。作为金融业务,首先就是要做风险控制。传销以及会议营销,就是把投资人圈在一个封闭场所,不断洗脑,最后把别人的钱拿走。但是放到互联网的好处是,智慧在民间,融资者在互联网上讲自己这个项目有多好,自己是多么牛的成功人士,投资 30 万,一年分红就 50 万,牛 B 闪闪的商业模式,结果马上就有人会揭露:他连房租都还欠着两个月呢。所以融资项目发布在互联网上,首先是公开性。

第二,如果这个项目确实经得起大家的审查,投资人觉得项目很好,通过互联网就可以很快完成投资流程。这就是互联网金融的效率要素,所以众筹特指通过互联网方式。

目前,中国已经开始了《证券法》的修改,其中第十三条规定:"通过证券经营机构或者国务院证券监督管理机构认可的其他机构以互联网等众筹方式公开发行证券,发行人和投资者符合国务院证券监督管理机构规定的条件的,可以豁免注册或者核准。"

同时,中国证券业协会拟定中的《私募股权众筹管理办法》规定:

"第二条【适用范围】本办法所称私募股权众筹融资是指融资者通过股权众筹融资互联网平台(以下简称股权众筹平台)以非公开发行方式进行的股权融资活动。"

"第五条【平台定义】股权众筹平台是指通过互联网平台(互联网网站或其他类似电子媒介)为股权众筹投融资双方提供信息发布、需求对接、协助资金划转等相关服务的中介机构。"

"第六条【备案登记】股权众筹平台应当在证券业协会备案登记,并申请成为证券业协会会员。"

2015 年 7 月 18 日,中国人民银行、工业和信息化部、公安部、财政部、工商总局、法制办、银监会、证监会、保监会、国家互联网信息办公室等十个部委联合发布了《关于促进互联网金融健康发展的指导意见》,其中再次明确:

"(九)股权众筹融资。股权众筹融资主要是指通过互联网形式进行公开小额股权融资的活动。股权众筹融资必须通过股权众筹融资中介机构平台(互联网网站或其他类似的电子媒介)进行。股权众筹融资中介机构可以在符合法律法规规定前提下,对业务模式进行创新探索,发挥股权众筹融资作为多层次资本市场有机组成部分的作用,更好服务创新创业企业。股权众筹融资方应为小微企业,应通过股权众筹融资中介机构向投资人如实披露企业的商业模式、经营管理、财务、资金使用等关键信息,不得误导或欺诈投资者。投资者应当充分了解股权众筹融资活动风险,具备相应风险承受能力,进行小额投资。股权众筹融资业务由证监会负责监管。"

这代表着,在中国,只有在持有《中国证券业协会会员证》的互联网平台上发布的众筹融资项目,才是合法的众筹。

(截至目前,只有 8 家互联网企业获得了该资质。)

前面已经提到过众筹相当于水果,它是一个统称名词,在现实应用中,众筹分为四大类别,即:公益众筹、奖励众筹、债权众筹、股权众筹。这个顺序和投资的回报设置有关:

公益众筹 = 我给你钱,基本上不要回报(精神回报为主);

奖励众筹 = 我给你钱,你给我产品或者服务;

债权众筹 = 我给你钱,你要把钱还我,同时给我比较高的利息;

股权众筹 = 我给你钱,你要给我股份,分享你的长期收益。

众筹是如何诞生的?

一位叫陈佩里的美国人,是爵士乐的爱好者,他每年都会攒一个局,搞一个爵士乐音乐节。我们知道一般情况下搞演唱会、音乐节主要资金是靠赞助,他已经依靠赞助举办了好几届。2008 年全球金融危机,以往提供赞助的大企业都削减了赞助预算,到了 2009 年,陈佩里又要举办音乐节的时候,拉不到赞助了。怎么办呢?作为一个理想主义者,陈佩里希望把这件事儿继续举办下去,于是他就咨询以前参加过音乐节的一些老观众,问大家是否愿意凑凑份子来举办这个活动。在中国凑份子是一件比较容易的事情,因为大家讲面子、讲关系。但是美国人很现实,"出钱可以,我有什么好处?"

于是,陈佩里设计了支持和回报方案,比如:音乐节门票拟定价 100 元,如果你现在支持 10 元,将来就能给你一张 100 元的票;如果你愿意现在支持 100 元,到时候可以把音乐节纪念品,比如音乐 CD 和海报、T 恤什么的给你送一份;如果支持 500 元甚至可以让你去后台和乐队合影……

这就形成了一种关系:奖励行为。国外的英文原文是 Reward Crowfunding,国内翻译为奖励众筹或者回报众筹。因为我要做的事情还仅仅是个想法,你就用真金白银对我表达支持,所以我要奖励你,给你物超所值,甚至一生仅此一次的回报,表达感谢。

这里面就有个社会上的谬误,比如京东众筹,编造出来一个词汇叫做"商品众筹"。为什么呢?因为京东就是网上卖货的,之所以把电商卖货改叫众筹,是为了博取眼球。也就是说,如果京东商城直接改名为京东众筹,那就马上可以实现他们对外宣传的目标:全球最大的商品众筹网站。可惜的是,万一淘宝也整体改名呢?

由于京东商城开了一个不好的头,用中关村电子市场的思维开了滥用概念的先河,由此社会上更多的人带着不可告人的目的,开始大量滥用和滥造"众筹"这个词汇。2015 年,是众筹大发展的一年,也会是骗子们最活跃的一年。

陈佩里采用这种奖励性的回报方式,获得了音乐节粉丝群的广泛响应。但是如何把大家的这些零散资金汇集起来呢?于是搭建了一个网站,接通了第三方支付——2009 年 4 月,KickStarter.com 正式发布。

随着 KickStarter 上线,越来越多的创意和创业者发现了这种早期验证和筹资的方式,获得市场热烈追捧。

2015 年 1 月,KS 发布了 2014 年度的业绩报告:

1. 330 万人参与众筹——比 2013 年增长了 10%;

2. 220 万人第一次支持项目——60% 来自于新增用户;

3. 77 万人支持了多个项目——占用户量 23%;

4. 7 万人支持了 10 个以上的项目——占用户量 2%;

5. 1125 人支持了 100 个以上的项目——千人粉丝理论的铁证;

6. 众筹成功的项目有 2.2 万个——平均每个项目 2.4 万美元;

7. 全年承诺筹款 5.29 亿美元,平均每分钟筹款超过 1000 美元(实际筹款为 4.44 亿美元,因为众筹模式在项目失败之后会退款);

8. 科技行业吸引了最多人的支持(投资承诺达到 1.25 亿美元),这反映了人们对高科技产品的渴望。不过,科技并不是众筹最成功的行业,2014 年只有 1124 个科技项目成功完成了众筹活动。Kickstarter 上众筹活动最成功的行业分别为音乐(4009 个项目)、电影和视频(3846 个项目),以及出版(2064 个项目);

9. 支持人数最多的项目是 Bring Reading Rainbow Back for Every Child, Everywhere!,有 105857 人支持。

10.《时代周刊》评出的 25 件年度最佳发明中,有 5 项来自 Kickstarter 。

KickStarter.com 是全球最大的奖励式众筹网站。

在 2010 年,也就是 Kickstarter 发布了一年以后,一位叫蒋显斌的中国人注意到了这个网站。蒋显斌参与过新浪网的创办,在新浪上市之后去了美国。中国互联网行业对美国的抄袭模仿是一个基本传统,因为他找到了联合创始人张佑,回到中国创办了"点名时间",这是中国第一个奖励式众筹网站。遗憾的是,经过 4 年的苦苦摸索和支撑,由于长期处于亏损状态,"点名时间"不得不在 2014 年 8 月宣布退出众筹市场,转型为"智能科技产品的首发平台",就是转型为预售式电子商务网站。

这里有个典故插曲:2014 年 2 月,"点名时间"主动攀上了京东商城,宣布凡是众筹成功的科技产品都可以在京东商城销售,由此获得"大流量"。这是理想主义向功利主义低头的开始。京东商城在近距离观察了"点名时间"的运作 6 个月之后,亲自下海,一脚端开了"点名时间",发布了名为众筹,实为电商的"京东众筹"。"点名时间"则走上了京东商城的销售道路,算是个引狼入室的经典吧。

2013 年中国众筹行业最重要的事情,就是众筹网(Zhong Chou.com)成立。背靠网信金融集团的全金融业务线支持,众筹网在 2013 年做了大量的知识普及工作,到 2014 年 5 月 23 日于北京召开了首届全球众筹峰会(第二届全球众筹峰会于 2015 年 5 月 28 日在郑州召开),把众筹概念推到了风口。

众筹网刮起的大风,引来巨头纷纷关注和入场。2014 年下半年,阿里巴巴发布了淘宝众筹、腾讯系发布了京东众筹、百度内测了百度众筹、平安金融发布了平安前海众筹、苏宁、国美则在 2015 年初陆续发布了众筹频道。

众筹网则于 2015 年 1 月宣布与房地产行业教父冯仑合作,发布了"众筹筑屋"房地产互联网金融平台,完整建立"公益众筹、奖励众筹、股权众筹、房产众筹"为一体,通过与兄弟公司先锋支付、网信理财合作,实现了综合式众筹平台布局。

在奖励众筹发展的过程中,业内人士发现了一个市场现象:奖励式众筹因为仅仅是有一个初期的想法,只是需要找一笔钱验证这个想法是否有人喜欢,所以最后融到的只是几万元、十几万元,最高不超过 50 万元的小钱(KickStarter 平均每个项目融资为 2.4 万美元,合人民币 15 万元左右)。但是在这些众筹成功的初始项目里,会有 30% 的项目最终渐渐地长大,其中甚至会有 5% 左右的项目迅速成长为新的市场明星企业。对于这些有长大机会的项目,仅仅 50 万元以内的奖励众筹就无法满足发展需求,需要有更多的钱,以及更多的成长资源。

于是,看到这个机会的创业者,创办了专门进行股权融资的众筹网站。Crowdcube.com 于 2011 年 2 月正式上线,是全球首家股权众筹平台,主要为初创企业募集资金。截至 2014 年 7 月 10 日,Crowdcube 共为 131 个项目成功融资,筹资总额超过 3000 万英镑,投资者达 8 万余人。

股权众筹的本身,就是股权融资,需要有完整的商业计划书,通过出让股权获得投资资金。目前股权众筹很少应用于完全初创的企业,一般会要求该公司至少已经续存超过 6 个月,具备产品或者销售业绩记录。生活服务业、拟上新三板企业是目前国内股权众筹案例最多的领域。

债权众筹,在中国更通用的叫法是"P2P 网络借贷"。

P2P 的本意是 Peer to Peer,个人对个人的借债。在中国更多的已经成为企业融资的手段,通过将债务打散,向公众借款。

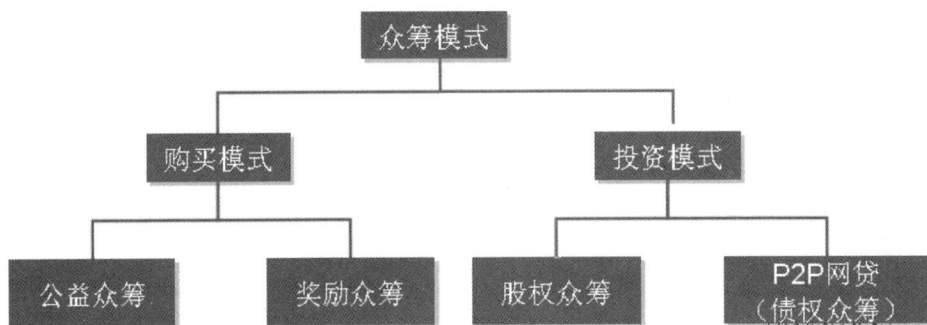

```
                      ┌──────────┐
                      │  众筹模式  │
                      └────┬─────┘
            ┌──────────────┴──────────────┐
       ┌────┴────┐                    ┌────┴────┐
       │  购买模式 │                    │  投资模式 │
       └────┬────┘                    └────┬────┘
      ┌─────┴─────┐                  ┌─────┴──────┐
  ┌───┴───┐  ┌────┴───┐         ┌────┴───┐  ┌─────┴─────┐
  │ 公益众筹 │  │ 奖励众筹 │         │ 股权众筹 │  │ P2P网贷    │
  └───────┘  └────────┘         └────────┘  │(债权众筹)  │
                                            └───────────┘
```

众筹模式

简单的理解,公益众筹和奖励众筹都叫购买模式,即支持者花钱投入之后,需要获得一种产品或者服务,这种回报不能是钱。股权众筹和债权众筹则是属于投资模式,支持者花钱投入之后,需要回报的是钱,更多的钱。所以后两者众筹模式里,必须要有投资者最终退出的机制。

目前社会上有很多骗子,用"众筹"的名义收取大家三万两万或者几千元,给个虚无的"股东"身份,其本质上都是在诈骗。如前所述,众筹是一项金融业务,同时也受《公司法》《证券法》和《合伙企业法》的约束,并非处于"三不管"地带。虽然有关众筹的管理条例还没有正式颁布,但是法律早就存在。之所以目前没有爆发出案件,是因为国内市场一般是民不举官不究,没有投资人报案,执法部门也懒得管。因为众筹涉案都是小钱,也都在熟人圈子里为主,隐蔽性比较强。加上国人好面子,被骗个几千几万元,一般也懒得追究,所以给了骗子们生存的空间。

众筹项目的融资规模,从经验上分析,一般是公益众筹设置为 5000 元以下,奖励众筹设置为 5000 元~50 万元,股权众筹设置为 50 万元~500 万元,债权众筹设置为 500 万元~1500 万元。

公益众筹因为是个体行为,毕竟没有权威组织的背书,所以如果募集资金目标过大,很难完成。这是信用问题。

股权众筹为什么做不了更大的金额？因为毕竟投资人仅仅是通过互联网认识的陌生人，电子协议时代有可能从头到尾彼此都是不见面的，法规要求众筹平台是不能做项目担保的，所以同样是因为信任度的问题，很难有较大金额的交易。

债权众筹因为涉及到的投资人数没有限制，所以风险拆散之后可以获得比较大的融资金额。但是债权众筹的成本很高，年化融资成本基本都在 18% 左右。前面章节分析过融资成本问题，这么贵的钱，是不能作为长期融资渠道的。超过 1500 万元的融资，应该去找传统金融渠道，比如银行，或者民间融资机构。

互联网金融是对传统金融业的补充，因为互联网金融交易成本低，所以用以满足中小企业、小微企业和个人创业者的小额资金需求。

奖励式众筹原理和价值

我们已经知道了众筹发展的历史顺序，是因为先有了奖励式众筹，然后再产生股权众筹，产生债权众筹。因此，我们需要先了解奖励众筹这件事情的原理到底是什么。

奖励式众筹首先可以显著降低创业项目的失败率。

每一个众筹项目都等于是一个创业行为。为什么说众筹是降低失败率，而不是提高成功率？因为一件事情的成功有非常多的因素，比如市场环境、社会文化、时间点、资源能力、团队情况等等。但是如果是降低失败率，就是把尽可能发现的缺陷克服掉，至少死的机会就会少一点。

现在政府鼓励创业、鼓励创新，但是大家知道传统青年创业失败率是多高吗？97%！100 个创业项目 97 个活不过 1 年。

为什么还要鼓励创业？因为要解决就业。为什么要解决就业？因为要维稳。

可是这么高的失败率，年轻人糟蹋的可都是父母的血汗钱。看着不心疼吗？

所以,既然知道金融的力量是巨大的,互联网金融又是非常有效率的,我们就看看众筹是否具有降低失败率的能力。

```
        运营
    物业      想法

    人员      资本
```

上面这个图,是我们传统创业时候的一个行为路线。

首先,有了一个创业想法,脑子里闪现了一个 idea,自己激动得几天睡不着。于是就开始找钱,找人,租场子,然后开干。

这是我们传统的创业就是这么一个流程。

比如我这个人喜爱烧烤撸串,看到有个学校聚集很多人流,有这么多人在这儿上课,大家下课之后难免会聚会喝酒聊天,感到客流很稳定,然后就在学校旁边租个门脸房,雇佣厨师服务员,开个烧烤店。30 万投资就这么进去了。

传统的创业的确就是这样,基于自己的想法,然后找钱,找人,有了生产场所,从此就开始苦干呗。这个流程的另外一个说法,就叫"头脑一热,四处借贷;股份稀释,勒紧腰带,从此过上朝五晚九的幸福生活"。这个九都算早的,真的开个烧烤店凌晨两三点都睡不了觉。

创业者早晨为什么不愿意早起?是因为我们无法面对残酷一天的开始。眼睛只要一睁,水费、电费、人员工资、房款,还有贷款利息,这些都蜂拥而至。

创业者晚上为什么不愿意早睡?睡不着。因为我们不能接受一天就这么过去了的事实。对不对?眼睛一闭今天就算过去了,还有多少事儿没有干呢。

所以早上不起、晚上不睡的,都是具备创业者潜质的。

那我们就看看为什么会造成这样朝五晚九的幸福生活呢? 因为在这个创业流程里,缺了两样要素:

第一,钱去哪儿了?

前面这个创业路线图,有了想法,然后找钱,钱是有成本的,所以找钱也是出钱! 我们再找人,出钱! 找物业,出钱! 做运营,出钱! 所有都是出钱的事情,出钱! 出钱!! 出钱!!! 烧烤店不到开张那一天,我们都根本不会知道钱从哪儿来,收入到底是从羊肉串来,还是从烤板筋来,还是从烤馒头片来。所以创业的人一般来说,一辈子都忘不了成交的第一单,也忘不了第一个顾客,销售情景历历在目,记忆深刻。因为终于至少是从0到1了。

因为我们根本不知道收入在哪里,然后就出钱、出钱、出钱,所以必然会是要交学费。传统青年创业,就是交学费的血泪史。

第二,用户去哪儿了?

前面这个创业路线图,是我自己有了想法,然后根据判断的找了钱,根据我的喜好找到了合伙人,再根据我的判断租了场子,最后再根据我认为正确的方法开始做运营。一切都是基于自己个人的判断,或者说自己这帮小团队想法的判断。这里面,用户的环节在哪里? 我们知道如果真的烧烤店开张了,谁是真正的消费者吗? 用户真的会喜欢我们这个物业环境设计吗? 用户会喜欢我们的运营方式吗? 会认同我们的产品和定价吗? 都不知道。

因为根本不知道谁是未来真正的消费者,所以完全无从定制化生产运营。传统青年创业,就是一厢情愿下的肥皂泡。

不知道收入在哪里,也不知道谁是用户,然后就去创业了,所以就在不断地为这97%增加素材。二百五啊!

问题在哪里? 问题是说明我们在创业开工之前,少了一个必要步骤:

靠谱的市场调研。

一说到市场调研，创业者该不乐意了。你真的以为我们啥准备都没有做就创业？我们当然做过市场调研！

是的，我们当然会做市场调研。注意这两个字——"靠谱"。也就是说，我们现在的传统市场调研方式靠谱吗？

传统的市场调研方法其实就是问卷。通过定量或者定性，设计出目标选项，请路人甲或路人乙回答。

比如继续说烧烤店，我们就会给路过的学生每个人发个问卷，再到附近的街头、写字楼和社区发放问卷，问你喜欢不喜欢吃烧烤，每个星期吃几次，每次消费多少钱，然后汇总一分析，考虑到水分因素再打个对折，结果挺好，我们这里附近竟然有 10000 人喜欢吃烧烤，每个人可以付七八十元，这生意能干，然后就开始投资干了。这是传统市场调研的做法。

别人为什么要配合你填问卷？因为你可能还送小礼品，所以他就帮你填了。这样的调研结果靠谱？

我每次在清华大学、北京大学培训班讲课时，都会就地做个调研小游戏：

1. 我会随机点一个美女同学，请她站起来先让大家都认识一下。美女同学会有比较高的默认支持度。

2. 然后，我说这个美女在我们这个班的微信群里发了一句消息，说"我刚刚在朋友圈发来一条信息，请同学们帮我点个赞吧"。（这就模拟了创业者向公众发放问卷，询问"是否会来消费"）

3. 我会询问在座的同学，会给她点赞的举手。每次都会有 80% 以上的同学会举手表示点赞。（如果美女颜值较高，则举手率会达到 95%）

从上面的结果就可以看到，作为日常的调研方式，该美女支持度是80%，人见人爱，花见花开。

这是我们传统市场调研的结果。

就是对于普通陌生人，我过来咨询问你，觉得烧烤店这个事情该不该干？普遍的人是支持。吃不吃烧烤？吃。一星期吃几次？一次。只吃一次？少了吗，那三次。如果是员工在做调查，告诉被调查者说我们老板希望是每周五次，那行，改改，改成五次。

这就是传统的市场调研，是不是结果很不靠谱？

4. 继续游戏。现在换一个方式，假设现在朋友圈"点赞"这个行为，已经和微信支付打通了，只要你给别人点一下赞，就会从你的账户里扣1块钱。

5. 再次重复刚才的游戏：这个美女在我们这个班的微信群里发了一句消息，说"我刚刚在朋友圈发来一条信息，请同学们帮我点个赞吧"。

6. 再次询问在座的同学，会给她点赞的举手。结果呢？只有20%的人会举手表示点赞。

7. 继续询问在座同学，如果是扣10元，谁继续点赞？扣50元？扣100元……结果是举手的人逐步减少，直到剩下最后一个人。

8. 由此，我们就知道真实的市场数据。支持率20%，其中5%高消费用户，1%的铁忠粉丝。

看到这个数据的变化了吗？就是只需要扣1块钱，就可以反映出真实的市场反馈。传统的市场调研，得出的数据肯定普遍向好，因为一是大家基于正能量给创业者打气，第二你有给小礼品，拿人手软，一定得说人家好，所以得出的数据根本不可信。

但是被调查者又非常诚信，仅仅1块钱，就绝不说假话了，不支持就是不支持，不喜欢就是不喜欢。

奖励式众筹是怎么做的呢？比如之前创办KickStarter的陈佩里所做，我想做个音乐节，如果你支持，请给钱。

通过事先获得支持者的真实数据，并且将支持者汇集到一个支持者微信群来沟通，就可以定向提前锁定客户，锁定市场，分析出市场情景。

因此，在众筹的环境下，创业流程不再是仅仅有了想法，就去找资本、找人员、找物业、开始运营。而是会首先在众筹网（Zhongchou.com）上发布一个众筹项目,说明"我是谁、我要做什么、为什么我能做、我需要什么支持(多少钱)、如果您支持了我会获得什么回报"等等。

之所以这样做,是因为开这个店需要 30 万元,而自己只有 10 万或者 20 万,需要补充资金。当然也有可能是你其实 30 万已经准备好了,但是因为害怕变成那个 97% 之一,所以你只筹资 5000 元钱,就是想看看烧烤店到底有没有人会喜欢,是不是将来真的会来消费。

以烧烤店为例,首先讲述一个烧烤爱好者的励志或者煽情故事,然后给出支持选择:

1. 支持 1 元,新浪微博 @ 感谢;

2. 支持 100 元,开业第一周免费敞开吃(不含酒水)(限制 99 份);

3. 支持 500 元,开业第一个月免费敞开吃(不含酒水);

4. 支持 2000 元,全年免费敞开吃(不含酒水);

5. 支持 10000 元,全免费敞开吃喝,并享受 1/30 的分红权(限制 15 人)。

这就是一种众筹方案,提交到众筹网,通过审查发布之后,就可以把这个链接推送到微信群、QQ 群、微博、朋友圈,还可以印制易拉宝、DM 单等等加上二维码,发起众筹。

如果众筹募资成功,就代表着市场验证通过,这个时候再去真正地在市场进行创业,如果众筹项目没成功就不要继续干了,你只是给那个 97% 去增加一个素材而已。因为你都不知道用户是谁,不知道收入在哪里,还要投入资金去创业,那就是赌博。

如果众筹成功了,现在已经有了完整的资金,可以正式创业了。

作为创业者,现在要把所有支持者拉一个微信群,比如"晶晶撸串筹备群",然后在群里发布:"告诉大家个好消息,今天上午十点十分,我们的众筹项目顺利完成,将进入准备实施阶段!"。那么这些支持者的第一个动作是什么?群里面鼓掌。然后呢?所有的支持者,都会马上在微信朋友圈宣布:"'我投资的'的晶晶撸串吧众筹成功,即将正式启动!",自发传播就开始了。

此后,随着项目筹备的进程,创业者随时将烧烤店的筹备进度在微信群通报,也会有各种困难求助于微信群,加上投资者(支持者)偶然去工地探班,所有这一切信息,只要发布在微信群,群友几乎都会同步复制到自己的社交媒体进行传播——因为作为最早期的支持投资者,会从内心将该项目视同为自己的项目。这也是我觉得当初把 CrowFunding 应该翻译为"众创"而不是"众筹"的原因。

最后,烧烤店终于要开业了。这么多的投资人,就会想搞个开业仪式。于是要求每个支持者自带1尺红布来剪彩——这么多人在朋友圈里求借1尺闲置的红布,很快就是一个社会事件,媒体甚至都会来查探。

由此,通过众筹,首先获得了市场验证,还获得了首批用户。而在正式创业中,首批用户(核心粉丝)就会进行自发传播,形成市场推广影响。

开业之后,前期支持的用户就要来获取回报。比如支持100元的用户,要在第一周免费烧烤,就会造成开业之后马上门庭若市。餐饮消费的特点就是人群趋同扎堆,周边消费者会立即被吸引到门店,形成进一步的排队效应,扩大市场基数。

由于门店需要首先满足对众筹支持者的回报,对于散客的接待要放在次要位置,这就会使自然聚拢的社会消费者有"挫败感",就是互联网时代所说的"饥饿营销"。这时可以劝导消费者关注本店微信公众号,参加下一期的众筹活动。

通过连续进行众筹活动,一方面积累了足够的消费者用户群,另一方面积累了重要的"大数据":市场数据、用户数据,销售数据。由于有了用户数据,就使得进一步扩大业务规模,或者跨界推出新业务有了可能。

如果烧烤店经营得不错,早期投资者(支持者)均获得了满意的回报,那么接下来这个创业者要搞个洗车行,搞个SPA,搞个茶馆,当初投资烧烤店的80%的支持者会再次支持。这也就是社会上为什么投资机构青睐连续创业者——因为沟通和信任的成本低。

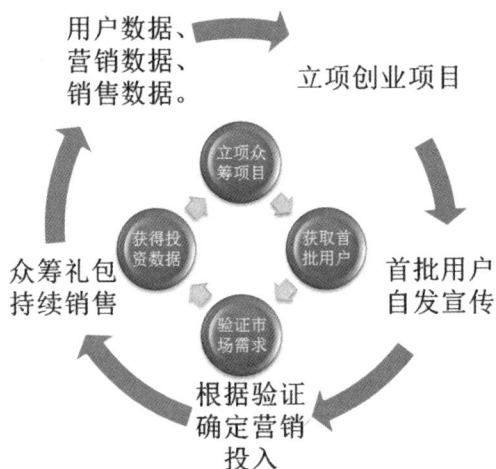

由此,创业流程将完全改变。

现在回顾一下奖励式众筹的原理和五个价值:

第一,验证。投资人以真金白银支持项目,发起者可以迅速看到项目市场反馈并及时调整。数据结果成为争取机构投资的"案例背书"。

第二,营销。相比传统方式,众筹使整个项目全程处于推广状态,通过社交网络分享、互动,在用户群中产生话题,营销效果好。

第三,筹资。当众筹成功的情况下,创业者可以获得初始的资金。众筹提供最便捷、快速、透明的筹资平台,消除传统融资的中间环节,提高融资效率,降低交易成本。

第四,资源。每个支持者都是资源的持有者,用户同时也是合伙人。众筹网也会帮助项目对接上下游产业链、资本市场、最终用户,实现资金、资源对接。

第五,发现。这是一个额外的功能,特定对于投资人的价值。由于越来越多的创业者开始使用众筹网发布早期验证,因此持续关注众筹网就可以发现"晶晶烧烤"这样的种子期投资机会。

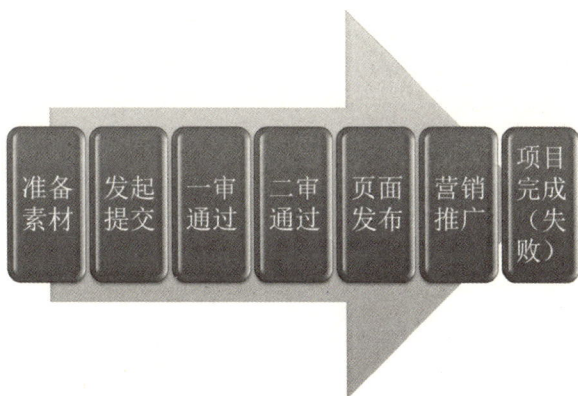

怎么去发布奖励式众筹呢？电脑登录 www.ZhongChou.com。

通过手机浏览器访问 App.ZhongChou.co 或在手机应用商店搜索"众筹网"下载 APP，可以查看和支持众筹项目，但不能做发布。因为融资是一件严肃的事情，需要认真准备有关素材和材料，因此需要在电脑上完成。

电脑登录众筹网之后，准备好项目素材，即自己的身份介绍、项目介绍、回报设置安排、众筹金额和众筹周期等等。然后进行提交审核。

众筹网的客服中心会对提交的材料进行一审，判断资料的合法性、合规性、完整性；之后会分发到二审专业部门，比如科技、文化、艺术、农业等，由专业部门有经验的行业精英来判定回报设置是否合理，是否具备实现可能，评估实现风险。比如说烧烤店有个支持项是 1 元钱一周内免费随便吃，或者 100 元钱一周内免费随便吃，且没有设置名额上限，那我们就会认为你这个回报实施不了，会认为 7 天就把你的店吃垮了。

通过二审完毕以后，项目就在众筹网发布出来，有了项目链接地址，创业者拿这个链接地址就可以在目标用户群里推送宣传，看看大家拿钱投票的最后结果，是否如预期可以被验证。

众筹是要在规定的时间内达到规定的金额，比如这个众筹项目一共进行 7 天，7 天之内一共要完成 5000，或者 7 天之内要完成 10 万，一旦最后一天时间到，哪怕还差 1 块钱没完成，都算项目失败。项目失败，钱从哪里来,自动退回哪里去。只有如期完成目标金额的筹款才叫项目完成（成功）。

项目完成后,发起人可以在众筹网内的"个人中心"页面提起结款申请,根据规则分两笔获得众筹资金。第一笔款项在申请之后获得,第二笔尾款则需要项目回报完成之后才能申请。

众筹网平台会收取整体筹资额一定比例的平台服务费,具体比例以网站上的正式公告为准。

做奖励式众筹前提是一定要有个独特的想法,这是带有理想主义色彩的事情,是以帮助创业者验证市场需求为核心的。千万不要做成了预售,做成了团购。

股权众筹原理和价值

股权融资已经不是新话题,从熊晓鸽在上世纪 80 年代初把风险投资概念带来中国 30 年后,今天的 80 后、90 后已经非常娴熟地运用股权融资来为项目获取资金。

传统的股权融资做法,是通过自己的亲朋好友介绍,或者通过专业的财务咨询公司介绍,去联系到专业的投资机构或投资人。

那么传统的股权融资有什么缺点呢? 简而言之有三个:

第一,渠道限制。融资方和投资方之间互相认识的渠道有限。

作为普通创业者,我们对于专业投资机构和投资人,往往是见诸于报端媒体,偶遇在论坛会场,难得凑上去递张名片,根本无从交流。同样的,投资机构也找不到创业者。

投资机构和银行一样,也是一个卖钱的商店。投资机构把原始出资人的资金募集成为投资基金,这需要给出资人承诺回报率。如果基金投不出去,这个基金也是要亏损的。

一边是创业者要找投资人,一边是投资人要找创业者,在传统的股权融资市场里,双方相遇相识相知的渠道十分有限。

第二,时间成本。融资方与投资方之间交流的成本太高。

即便融资方和投资机构经过中间人得以联系上,约定了时间地点,基于中国地域广大的地理特征,即便在北京市内的约会,往返 3 小时都是家常便饭。如果是外地城市之间约会,时间投入更为可观。

但是花费这么长的时间,有什么价值呢? 对于一个专业投资人,如果项目所在领域比较熟悉的话,基本在一分半钟,也就是 90 秒内就已经基本作出了决定,是继续跟进项目还是不跟进。这就是为什么商务洽谈一般在咖啡厅见面,而不在茶馆见面。我们中国是一个人情社会,双方好不容易花了三四个小时见面,不能 90 秒钟以后就说没兴趣,回去吧。我们基于人情是不会的,至少要杯咖啡聊个五六分钟或者 10 分钟,然后再说这个项目不错,我回去好好研究研究,以后通知你。要想在 10 分钟之内结束谈话,我们就得在咖啡馆才行,如果要在茶馆见面,茶具先洗就十来分钟,第一道茶不要喝先闻,一壶茶一个小时过去了,很浪费时间。

90 秒钟的事情,双方各自投入几个小时,这个就是时间成本。

第三,专业局限,投资人是否看得懂项目领域。

腾讯当年几百万元的融资需求找不到钱,一直等到遇到 IDG 资本。每个投资机构、每个投资经理都有自己专长的领域,超过自己的领域很难做出判断。

如此以来,创业者会错失融资机会,投资者会错失投资机会,双方都有难以逾越的知识鸿沟。

就比如烧烤店怎么开,不管问熊晓鸽还是徐小平,恐怕都不知道。虽然就是几十万元投资的事儿,他们就是不懂。但是"很久以前"烧烤店,6 个年轻人,6 万元起家,用了 6 年,市值达到了 6 亿。投资人不后悔吗?

股权众筹如何来破解这三个缺点?

第一,众筹是基于互联网方式发布和融资,因此首先需要把融资商业计划书上传到众筹网,进行完整披露。投资机构和融资方都可以在众筹网会合,形成没有地域限制的交易市场,克服渠道限制。

034 -- 实战众筹

第二,由于所有的商业计划书都已经展示在众筹网站上,因此投资方可以根据自己的时间随时查看,减少时间成本。

第三,智慧在民间,各行各业的专业人士汇集在众筹网站,每个人贡献出自己的看法和评论,以大众的智慧来取代少数精英的智慧。这种智慧都要以自己投出的真金白银作为背书,结果更可信,更靠近市场。

但是这里有一个前提:既然传统的股权融资存在这么重要的三个弊病,这么没有效率,那我们为什么还要去找专业的投资人和专业的投资机构? 原因是什么?

是因为在我们传统的脑海里,投资机构那里才有钱。

所以,如果要想通过股权众筹来克服传统股权融资的三个弊病,前提是必须在专业投资机构之外,还有可以用来投资的资金池。

除了专业投资机构之外,实际上我们中国社会上还存在 3000 万以上的自然人,具备小微天使投资能力。什么叫具备小微天使投资能力? 就是年收入超过 50 万的人。

3000 万具备小微天使投资能力的人,每个人有每年 50 万的收入,这代表着全国每年有多大的可投资资金池?

猜!

再猜!!

继续猜!!!

15,000,000,000,000 元!!!

是的,15 万亿。平时大家根本不敢想。除了专业投资机构外,实际社会上还有一个 15 万亿可支配资金的民间资金池,所以才会有股权众筹市场的可能性。

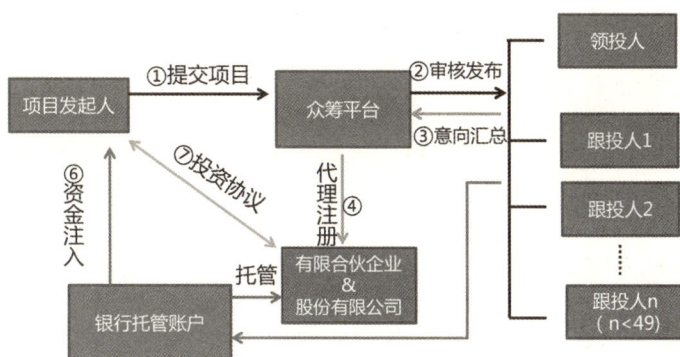

（股权众筹业务流程）

股权众筹的工作流程，重点为3个阶段：

1. 预约阶段

融资方（项目发起人）根据要求，制作标准商业计划书，在众筹网站上提交审核。如果通过了审核，即可发布在网站，并对应在相应的类别频道，比如科技、文化、店铺、房产等。

项目发布之后，融资方应积极面向目标潜在投资人进行项目介绍。传统企业上市IPO，有线下的路演提前锁定潜在投资者，股权众筹是一个Mini版的IPO，同样需要有这些线下工作。众筹网站内注册的认证投资人，也会自然看到新发布的项目信息。

意向投资人看到满意的、感兴趣的项目，就可以进行"预约"。这和奖励式众筹的直接付款不同，股权众筹在预约阶段，并不涉及资金投入，仅仅是支付了意向保证金。

2. 发行阶段

当股权众筹项目预约的金额超过了计划融资额的50%时，众筹网的项目经理就会给预约投资者挨个儿打电话，询问其对该项目是否真实愿意继续跟进。如果投资人冷静思考之后需要继续跟进，就建立到项目群，让这些意向投资人和融资方（项目发起人）进行交流，针对关心的问题进行问答。由于所有意向投资人都在一个群里，因此当融资方回答一个人的问题，就等于一次性回答了所有投资人，进一步节约了双方的时间成本。

随着预约额达到或者超过了计划融资额,在预约期结束后,即启动发行程序。这个时候权利反转,融资方可以在意向投资人里挑选出想要的钱,使得金额正好符合计划融资额。当然,股权众筹也允许超募,超募的金额和原计划融资额对应的股权和其他权责必须一致。

启动发行程序的前提,是有投资人愿意成为领投人,即担任新组建的有限合伙企业的 GP(普通合伙人),其他投资人则成为新组建的有限合伙企业的 LP(有限合伙人)。

GP 和 LP:根据《合伙企业法》,在有限责任合伙中,合伙人分为有限合伙人(LP, Limited Partner)及普通合伙人(GP, General Partner, 承担无限责任)。简单而言,有限合伙人即真正的投资者,但不负责具体经营,只有其中的普通合伙人有权管理、决定合伙事务,负责带领团队运营,对合伙债务负无限责任。

在这个环节,传统领域里有很大的误解,使得很多企业不愿意做众筹。特别是连锁企业,其实特别适合通过众筹开分店,但是往往对于股权众筹有抗拒心,为什么呢?因为这些业主不愿意一下子给自己增加几十个股东,觉得光去工商局做股东变更,想想就头疼。

但其实不是这样子的,股权融资不是这么操作。通过众筹而来的投资人,并不是直接在融资方的企业主体里持有股份,而是自行组建一个有限合伙企业,由这个有限合伙企业的 GP,代表这个有限合伙企业与融资方签订股权投资转让协议。也就是说,融资方只需要一次性做工商变更,把出让的股权转让给这个有限合伙企业即可。

所有众筹而来的投资人除了 GP 之外,无权干涉融资方的经营行为,股权转让退出等等也不会波及到融资方。最简单的理解,是投资者组成了一个投资基金,按照股权比例去投资了融资方的企业。

所以,具体到实际,众筹投资人对众筹融资方的责权,需要签署投资协议进行约定,并非一成不变。

所有投资人完成了打款和签约手续,即可完成发行程序。

3. 投资阶段

发行阶段的时期,最终确认的投资人应当在众筹网站完成投资款项支付。该款项将进入第三方监管账户锁定,直至合伙企业和融资方的投资协议完成签署之后,根据协议给予拨付。

由于众筹网站会收取一定比例的平台服务费(行业惯例一般是 5%,大金额融资超过 1000 万元可适度下调),因此难免有个别人想投机取巧,绕过平台在线下私下交易。由于失去了第三方平台监管,社会投资人普遍欠缺金融、工商、法律等专业知识,这种私下交易将蕴含较大的投资风险,请谨慎!

根据目前正在制定中的股权众筹监管法规,众筹平台还需要逐步建立投后管理机制,进一步保障投资人的长期利益。

股权众筹的法律风险

《公司法》《证券法》和《合伙企业法》是股权众筹行为里主要涉及的三部法律。虽然目前针对股权众筹的专门法规还没有颁布,但是这三部法律早就存在,所以股权众筹不是三不管地带,不是社会上谁想怎么解释,就可以怎么解释。

从目前透露出来的监管政策看,股权众筹将首先被划分为"私募股权众筹"和"公募股权众筹"两个领域,并分别适用于两种不同的监管办法。

私募股权众筹,由证监会委托中国证券业协会进行管理。

中国证券业协会在 2014 年 12 月 18 日发布了《私募股权众筹融资管理办法(试行)》征求意见稿,全文如下:

私募股权众筹融资管理办法(试行)
(征求意见稿)
第一章　总则

第一条【宗旨】为规范私募股权众筹融资业务,保护投资者合法权益,促进私募股权众筹行业健康发展,防范金融风险,根据《证券法》《公司法》《关于进一步促进资本市场健康发展的若干意见》(国发 [2014]17 号)等法律法规和部门规章,制定本办法。

第二条【适用范围】本办法所称私募股权众筹融资是指融资者通过股权众筹融资互联网平台(以下简称股权众筹平台)以非公开发行方式进行的股权融资活动。

第三条【基本原则】私募股权众筹融资应当遵循诚实、守信、自愿、公平的原则,保护投资者合法权益,尊重融资者知识产权,不得损害国家利益和社会公共利益。

第四条【管理机制安排】中国证券业协会(以下简称证券业协会)依照有关法律法规及本办法对股权众筹融资行业进行自律管理。证券业协会委托中证资本市场监测中心有限责任公司(以下简称市场监测中心)对股权众筹融资业务备案和后续监测进行日常管理。

第二章　股权众筹平台

第五条【平台定义】股权众筹平台是指通过互联网平台(互联网网站或其他类似电子媒介)为股权众筹投融资双方提供信息发布、需求对接、协助资金划转等相关服务的中介机构。

第六条【备案登记】股权众筹平台应当在证券业协会备案登记,并申请成为证券业协会会员。

证券业协会为股权众筹平台办理备案登记不构成对股权众筹平台内控水平、持续合规情况的认可,不作为对客户资金安全的保证。

第七条【平台准入】股权众筹平台应当具备下列条件:

(一)在中华人民共和国境内依法设立的公司或合伙企业;

(二)净资产不低于 500 万元人民币;

(三)有与开展私募股权众筹融资相适应的专业人员,具有 3 年以上金融或者信息技术行业从业经历的高级管理人员不少于 2 人;

（四）有合法的互联网平台及其他技术设施；

（五）有完善的业务管理制度；

（六）证券业协会规定的其他条件。

第八条【平台职责】股权众筹平台应当履行下列职责：

（一）勤勉尽责，督促投融资双方依法合规开展众筹融资活动、履行约定义务；

（二）对投融资双方进行实名认证，对用户信息的真实性进行必要审核；

（三）对融资项目的合法性进行必要审核；

（四）采取措施防范欺诈行为，发现欺诈行为或其他损害投资者利益的情形，及时公告并终止相关众筹活动；

（五）对募集期资金设立专户管理，证券业协会另有规定的，从其规定；

（六）对投融资双方的信息、融资记录及投资者适当性管理等信息及其他相关资料进行妥善保管，保管期限不得少于10年；

（七）持续开展众筹融资知识普及和风险教育活动，并与投资者签订投资风险揭示书，确保投资者充分知悉投资风险；

（八）按照证券业协会的要求报送股权众筹融资业务信息；

（九）保守商业秘密和客户隐私，非因法定原因不得泄露融资者和投资者相关信息；

（十）配合相关部门开展反洗钱工作；

（十一）证券业协会规定的其他职责。

第九条【禁止行为】股权众筹平台不得有下列行为：

（一）通过本机构互联网平台为自身或关联方融资；

（二）对众筹项目提供对外担保或进行股权代持；

（三）提供股权或其他形式的有价证券的转让服务；

（四）利用平台自身优势获取投资机会或误导投资者；

（五）向非实名注册用户宣传或推介融资项目；

（六）从事证券承销、投资顾问、资产管理等证券经营机构业务,具有相关业务资格的证券经营机构除外;

（七）兼营个体网络借贷(即 P2P 网络借贷)或网络小额贷款业务;

（八）采用恶意诋毁、贬损同行等不正当竞争手段;

（九）法律法规和证券业协会规定禁止的其他行为。

第三章　融资者与投资者

第十条【实名注册】融资者和投资者应当为股权众筹平台核实的实名注册用户。

第十一条【融资者范围及职责】融资者应当为中小微企业或其发起人,并履行下列职责:

（一）向股权众筹平台提供真实、准确和完整的用户信息;

（二）保证融资项目真实、合法;

（三）发布真实、准确的融资信息;

（四）按约定向投资者如实报告影响或可能影响投资者权益的重大信息;

（五）证券业协会规定和融资协议约定的其他职责。

第十二条【发行方式及范围】融资者不得公开或采用变相公开方式发行证券,不得向不特定对象发行证券。融资完成后,融资者或融资者发起设立的融资企业的股东人数累计不得超过 200 人。法律法规另有规定的,从其规定。

第十三条【禁止行为】融资者不得有下列行为:

（一）欺诈发行;

（二）向投资者承诺投资本金不受损失或者承诺最低收益;

（三）同一时间通过两个或两个以上的股权众筹平台就同一融资项目进行融资,在股权众筹平台以外的公开场所发布融资信息;

（四）法律法规和证券业协会规定禁止的其他行为。

第十四条【投资者范围】私募股权众筹融资的投资者是指符合下列条件之一的单位或个人：

（一）《私募投资基金监督管理暂行办法》规定的合格投资者；

（二）投资单个融资项目的最低金额不低于 100 万元人民币的单位或个人；

（三）社会保障基金、企业年金等养老基金，慈善基金等社会公益基金，以及依法设立并在中国证券投资基金业协会备案的投资计划；

（四）净资产不低于 1000 万元人民币的单位；

（五）金融资产不低于 300 万元人民币或最近三年个人年均收入不低于 50 万元人民币的个人。上述个人除能提供相关财产、收入证明外，还应当能辨识、判断和承担相应投资风险；

本项所称金融资产包括银行存款、股票、债券、基金份额、资产管理计划、银行理财产品、信托计划、保险产品、期货权益等。

（六）证券业协会规定的其他投资者。

第十五条【投资者职责】投资者应当履行下列职责：

（一）向股权众筹平台提供真实、准确和完整的身份信息、财产、收入证明等信息；

（二）保证投资资金来源合法；

（三）主动了解众筹项目投资风险，并确认其具有相应的风险认知和承受能力；

（四）自行承担可能产生的投资损失；

（五）证券业协会规定和融资协议约定的其他职责。

第四章　备案登记

第十六条【备案文件】股权众筹平台应当在设立后 5 个工作日内向证券业协会申请备案，并报送下列文件：

（一）股权众筹平台备案申请表；

（二）营业执照复印件；

（三）最近一期经审计的财务报告或验资报告；

（四）互联网平台的 ICP 备案证明复印件；

（五）股权众筹平台的组织架构、人员配置及专业人员资质证明；

（六）股权众筹平台的业务管理制度；

（七）股权众筹平台关于投资者保护、资金监督、信息安全、防范欺诈和利益冲突、风险管理及投资者纠纷处理等内部控制制度；

（八）证券业协会要求的其他材料。

第十七条【相关文件要求】股权众筹平台应当保证申请备案所提供文件和信息的真实性、准确性和完整性。

第十八条【核查方式】证券业协会可以通过约谈股权众筹平台高级管理人员、专家评审、现场检查等方式对备案材料进行核查。

第十九条【备案受理】股权众筹平台提供的备案申请材料完备的，证券业协会收齐材料后受理。备案申请材料不完备或不符合规定的，股权众筹平台应当根据证券业协会的要求及时补正。

申请备案期间，备案事项发生重大变化的，股权众筹平台应当及时告知证券业协会并申请变更备案内容。

第二十条【备案确认】对于开展私募股权众筹业务的备案申请，经审查符合规定的，证券业协会自受理之日起 20 个工作日内予以备案确认。

第二十一条【备案注销】经备案后的股权众筹平台依法解散、被依法撤销或者被依法宣告破产的，证券业协会注销股权众筹平台备案。

第五章　信息报送

第二十二条【报送融资计划书】股权众筹平台应当在众筹项目自发布融资计划书之日起 5 个工作日内将融资计划书报市场监测中心备案。

第二十三条【年报备查】股权众筹平台应当于每年 4 月 30 日之前完成上一年度的年度报告及年报鉴证报告，原件留档备查。

第二十四条【信息报送范围】股权众筹平台发生下列情形的,应当在5个工作日内向证券业协会报告:

(一)备案事项发生变更;

(二)股权众筹平台不再提供私募股权众筹融资服务;

(三)股权众筹平台因经营不善等原因出现重大经营风险;

(四)股权众筹平台或高级管理人员存在重大违法违规行为;

(五)股权众筹平台因违规经营行为被起诉,包括:涉嫌违反境内外证券、保险、期货、商品、财务或投资相关法律法规等行为;

(六)股权众筹平台因商业欺诈行为被起诉,包括:错误保证、有误的报告、伪造、欺诈、错误处置资金和证券等行为;

(七)股权众筹平台内部人员违反境内外证券、保险、期货、商品、财务或投资相关法律法规行为。

(八)证券业协会规定的其他情形。

第六章 自律管理

第二十五条【备案管理信息系统】市场监测中心应当建立备案管理信息系统,记录包括但不限于融资者及其主要管理人员、股权众筹平台及其从业人员从事股权众筹融资活动的信息。备案管理信息系统应当加入中国证监会中央监管信息平台,股权众筹相关数据与中国证监会及其派出机构、证券业协会共享。

第二十六条【自律检查与惩戒】证券业协会对股权众筹平台开展自律检查,对违反自律规则的单位和个人实施惩戒措施,相关单位和个人应当予以配合。

第二十七条【自律管理措施与纪律处分】股权众筹平台及其从业人员违反本办法和相关自律规则的,证券业协会视情节轻重对其采取谈话提醒、警示、责令所在机构给予处理、责令整改等自律管理措施,以及行业内通报批评、公开谴责、暂停执业、取消会员资格等纪律处分,同时将采取自律管理措施或纪律处分的相关信息抄报中国证监会。涉嫌违法违规的,由证券业协会移交中国证监会及其他有权机构依法查处。

第七章　附则

第二十八条【证券经营机构开展众筹业务】证券经营机构开展私募股权众筹融资业务的,应当在业务开展后 5 个工作日内向证券业协会报备。

第二十九条 本办法自　年　月　日起实施,由证券业协会负责解释和修订。

随后,中证协又发布了《起草说明》,全文如下:

关于《私募股权众筹融资管理办法(试行) (征求意见稿)》的起草说明

为拓展中小微企业直接融资渠道,促进创新创业和互联网金融健康发展,提升资本市场服务实体经济的能力,保护投资者合法权益,防范金融风险,中国证券业协会(以下简称证券业协会)起草了《私募股权众筹融资管理办法(试行)(征求意见稿)》(以下简称《管理办法》)。现就有关情况说明如下:

一、起草背景

根据国际证监会组织对众筹融资的定义,众筹融资是指通过互联网平台,从大量的个人或组织处获得较少的资金来满足项目、企业或个人资金需求的活动。众筹融资对于拓宽中小微企业直接融资渠道、支持实体经济发展、完善多层次资本市场体系建设具有重要意义,受到社会各界的高度关注。但由于缺乏必要的管理规范,众筹融资活动在快速发展过程中也积累了一些不容忽视的问题和风险:一是法律地位不明确,参与各方的合法权益得不到有效保障;二是业务边界模糊,容易演化为非法集资等违法犯罪活动;三是众筹平台良莠不齐,潜在的资金欺诈等风险不容忽视。为满足普通大众的投资需求,发展普惠金融,鼓励行业创新发展,落实李克强总理在近期国务院常务会议上有关部署进一步扶植小微企业,推动"大众创业、万众创新"的指示精神,证券业协会按照"鼓励创新,防范风险"的基本要求起草了《私募股权众筹融资管理办法(试行)(征求意见稿)》,对股权众筹融资进行自律管理,以促进我国股权众筹行业健康发展。

二、《管理办法》的主要内容

(一)关于股权众筹融资的非公开发行性质

现行《证券法》明确规定,公开发行证券必须依法报经国务院证券监督管理部门或者国务院授权的部门核准,未经核准,任何单位与个人不得公开发行证券。通常情况下,选择股权众筹进行融资的中小微企业或发起人不符合现行公开发行核准的条件,因此在现行法律法规框架下,股权众筹融资只能采取非公开发行。鉴于此,《管理办法》明确规定股权众筹应当采取非公开发行方式,并通过一系列自律管理要求以满足《证券法》第 10 条对非公开发行的相关规定:一是投资者必须为特定对象,即经股权众筹平台核实的符合《管理办法》中规定条件的实名注册用户;二是投资者累计不得超过 200 人;三是股权众筹平台只能向实名注册用户推荐项目信息,股权众筹平台和融资者均不得进行公开宣传、推介或劝诱。

(二)关于股权众筹平台

《管理办法》将股权众筹平台界定为"通过互联网平台(互联网网站或其他类似电子媒介)为股权众筹投融资双方提供信息发布、需求对接、协助资金划转等相关服务的中介机构"。对于从事私募股权众筹业务的股权众筹融资平台(以下简称股权众筹平台),主要定位服务于中小微企业,众筹项目不限定投融资额度,充分体现风险自担,平台的准入条件较为宽松,实行事后备案管理。

在股权众筹平台的经营业务范围方面,为避免风险跨行业外溢,《管理办法》规定股权众筹平台不得兼营个人网络借贷(即 P2P 网络借贷)或网络小额贷款业务。

（三）关于投资者

鉴于股权众筹融资的非公开发行性质，投资者应当为不超过200人的特定对象。《管理办法》对合格投资者的具体标准设定主要参照了《私募投资基金监督管理暂行办法》相关要求，同时投资者范围增加了"金融资产不低于300万元人民币或最近三年个人年均收入不低于50万元人民币的个人"，一方面避免大众投资者承担与其风险承受能力不相匹配的投资风险，另一方面通过引入合格投资者尽可能满足中小微企业的合理融资需求。

（四）关于融资者

《管理办法》仅要求融资者为中小微企业，不对融资额度作出限制。《管理办法》规定了融资者在股权众筹融资活动中的职责，强调了适当程度的信息披露义务。根据众筹融资企业，尤其是中小微企业的经营特点，《管理办法》未对财务信息提出很高的披露要求，但要求其发布真实的融资计划书，并通过股权众筹平台向投资者如实披露企业的经营管理、财务、资金使用情况等关键信息，及时披露影响或可能影响投资者权益的重大信息。

（五）关于投资者保护

大众投资者投资经验少，抗风险能力弱，通常不允许直接或间接参与高风险投资。然而众筹融资的本质特征决定了大众投资者也是此类投融资活动的重要募资对象，为此，《管理办法》作了三个方面的制度安排：一是明确并非所有普通大众都可以参与股权众筹，要求涉众型平台必须充分了解，并有充分理由确定其具有必要的风险认知能力和风险承受能力；二是以平台为自律管理抓手，要求其有能力判定投资者识别风险和承担风险的能力，有能力承担可能出现的涉众风险，实现投资者资金和平台资金的有效隔离；三是要求融资者适当程度的信息披露。

（六）关于自律管理

证券业协会依照有关法律法规及本办法对股权众筹融资行业进行自律管理。股权众筹平台应当在证券业协会备案登记，并申请成为证券业协会会员。证券业协会委托中证资本市场监测中心有限责任公司对股权众筹融资业务备案和后续监测进行日常管理。《管理办法》明确列出各参与主体的禁止行为，划定业务"红线"，防止风险累积，鼓励行业创新和自由竞争。为了保护众筹融资参与各方的合法权益，《管理办法》对违反法律法规及本办法的行为规定了责令整改、警示、暂停执业等自律管理措施和纪律处分。

（七）关于证券经营机构开展股权众筹业务

作为传统直接融资中介，证券经营机构在企业融资服务方面具备一定经验和优势，因此，《管理办法》规定证券经营机构可以直接提供股权众筹融资服务，在相关业务开展后 5 个工作日内向证券业协会报备。

从监管办法的核心看，主要对于三个方向需要提示融资者注意：

第一，关于特定对象。即要求投资人必须是财务角度上的认证合格投资人，年收入 50 万元以上，单笔投资 100 万元以上。这一点在之后的修订稿已经有所下调，将成为年收入 30 万元以上，单笔投资 10 万元以上。

第二，禁止劝诱投资。劝诱投资的核心就是承诺保本还息。中国只有一个金融机构允许承诺刚性兑付，就是银行，因为银行代表着国家信用。即便如此，中国还刚刚实施了《银行存款保险法》，也就是银行也只能承诺最多 50 万元的刚性兑付。所以，承诺保本还息刚性兑付的投资，就属于违法行为。

第三，股东上限人数。这是现实实践中最容易被违反的界限。根据法律，股份有限公司股东上限 200 人，有限责任公司和有限合伙企业股东上限 50 人。

2015 年 5 月 13 日，北京市海淀法院受理国内首例股权众筹违法案件，即北京飞度公司（人人投）在为客户众筹募资时，在一个融资项目里出现了 87 名股东，形成违法嫌疑。目前此案还在进一步审理之中。

现实实践中,一般超过股东人数之后,大多数人采取的是股份代持。代持不违法,就是一个全权委托协议。但是不鼓励,因为蕴含了比较大的风险。因为代持以后,就代表着你把你的选择权、决策权都已经赋予了另外一个人,而这个人是否站在你的立场上,是否维护你的股东权益,就靠代持人的道德底线了。

还会有人想出主意,把每 50 个人编组成立一个公司,然后多个公司去受让融资方的股份。这是违反法规的,因为在私募管理中,如果有企业投资者的时候,需要按照"穿透原则"将投资企业的股东人数累计计算。也就是融资方的实际股东人数会超过 50 人,成为违法主体。

更重要的是,实际上法规限制股东人数,是对融资方的风险保护,即:不要拿穷人的钱。

对于合格投资人,10 万元的投资风险可以承担,也会理性对待投资失败。拿了一群穷人的三五千或者三五万,这些人会高度关注和干预融资方的业务经营,最终将是悲情的结局。过去两年间,各地的"很多人的咖啡馆"纷纷倒闭,其中最大原因就是拿了太多不合格股东的钱。

为了体现互联网的优势,证监会还在指定另外一种股权众筹模式:公募股权众筹。

公募股权众筹大幅度降低个人参与门槛,也许 500 元即可参与股权投资,且不需要被认证为合格投资人。这种方式非常类似于 A 股市场,目前还在政策制定中,会选择几个众筹平台开展试点。

	私募股权众筹	公募股权众筹
投资人资格	年收入大于 300000 元	不限制
股东人数	最多 200 人	最多 1000 人
单个项目起投金额	100000 元	500 元
单个项目投资封顶	不限制	25000 元
项目融资总额	不限制	3000000 元

私募股权众筹和公募股权众筹的主要差异

(数据为目前流出的讨论数据,实际以发布的法规规定为准)

股权众筹项目发布之后,需要在 5 个工作日内在中国证券业协会备案。

股权众筹项目融资完成之后，一年内不得再次融资，防止形成击鼓传花游戏。

（一）国外发展现状

2008 年的全球金融危机对世界经济产生了巨大冲击，欧美银行业的惜贷行为加剧了中小企业的融资困境。这种背景下，融资门槛低、效率高的股权众筹模式应运而生，并迅速获得了市场认可，众筹平台不断涌现，其中以英国的 Crowdcube、美国的 WeFunder、AngelList 最具代表性。

1.Crowdcube

Crowdcube 于 2011 年 2 月正式上线，主要为初创企业募集资金。截至 2014 年 7 月 10 日，Crowdcube 共为 131 个项目成功融资，筹资总额超过 3000 万英镑，投资者达 8 万余人。

为提高融资效率，Crowdcube 制定了一套标准化流程：融资方首先提出申请，对项目相关情况进行细致描述，并制作融资计划书，主要说明拟转让的股权比例、目标融资金额、股权类型（A、B 两类，A 类有投票权）、筹资期限。Crowdcube 进行真实性审核后，安排项目正式上线。投资者根据偏好对项目进行筛选，并可通过 Crowdcube 以及 Facebook、Twitter 等社交网络，与融资者直接交流以做出投资决策。根据规定，投资者最低出资额为 10 英镑，无最高额限制。募集期满后若融资成功，Crowdcube 与其合作律师事务所将会同发起人完善公司章程等法律文件，并发送给投资者确认，投资者确认后，资金将通过第三方支付平台转账到融资方账户，投资者收到股权证明后即完成整个融资流程。若募集期未满而投资总额已达到融资目标，发起人可以增加目标金额，继续融资。目前，Crowdcube 免收会员费、项目发起费，但融资成功后将向融资方收取 500 英镑的咨询管理费以及融资总额的 5% 作为手续费。

2.AngelList

AngelList 成立于 2011 年，至今已经为一千多家初创企业成功融资，总额超过 3 亿美元。AngelList 创建之初更像是一个连接初创企业和投资者的社交网站——企业通过 AngelList 在线展示创意和项目,如果投资者感兴趣,双方一般会选择线下接触和谈判,达成意向后,AngelList 帮助双方生成融资所需的相关法律文件,除此之外,所提供的服务非常有限。2012 年,美国股权众筹市场迅速膨胀,AngelList 抓住时机完善了线上服务内容,使得投资者可以一站式完成股权投资,良好的客户体验有效提升了 AngelList 平台的知名度。

2013 年,AngelList 在平台上推出"联合投资"(Syndicates)模式,由一名专业投资者作为项目领投人,并负责联合其他投资者跟投,项目筹资成功后,由领投人负责管理股权资金,监督项目实施,以帮助跟投人盈利。作为回报,领投人可以从跟投人最终的投资收益中提取 5%-15% 的佣金(Carry),而 AngelList 则收取 5% 的服务费。这种"联合投资"模式与 VC 的机制颇为相似,不仅能够激励领投人发挥专业技能和人际资源,而且可以降低非专业跟投人对项目的顾虑,进而使得整个融资流程更加高效。"联合投资"上线不久,AngelList 又推出"拥护者投资"(Backers)模式,该模式的运作主要是基于普通投资者对领投人的信任。具体而言,某个领投人公开表示愿意出资进行股权投资,但是投资项目不确定,如果其他投资者信任该领投人,即可进行跟投,筹资成功后,回报机制与 Syndicates 基本相同。

3.WeFunder

WeFunder 创立于 2012 年 1 月,主要为科技型初创企业提供融资服务。与一般股权众筹平台不同的是,WeFunder 在整个融资过程的介入程度更深。

根据流程,WeFunder 接到项目发起人提交的上线申请后,会组织专业人员对其进行深入调研,了解信息真实性和项目价值。这种严格的审核方式虽然限制上线速度,但却提高了项目质量和融资成功概率,在已经完成融资的项目中,多数筹款达到了数百万美元。项目被允许公开融资后,若投资者有意向,则将资金直接转入 WeFunder 专设的项目资金托管账户,并可在融资期限内随时要求撤回资金。在项目融资成功后，WeFunder会将所有投资该项目的资金集中起来成立一个专项小型基金"WeFund"，通过该基金入股创业企业。每个"WeFund"的投资者上限是99人。基金成立后由WeFunder的专业投资顾问负责运作和管理，并代行所有投资者的股东权力。对融资方而言，所有投资者只相当于一个集体股东。根据WeFunder提供的法律合同，在项目实施过程中，投资者不能要求退出或转让，而是由负责"WeFund"基金的专业顾问自行决定何时转让集体股权以及向投资者分配收益。WeFunder在融资成功后收取2000至4000美元的项目管理费，以支持"WeFund"基金的日常运作，如果最终成功退出项目，WeFunder将再度分享投资收益的10%。在"WeFund"模式中，对投资者专业知识要求不高，只需其足够信任WeFunder专业团队的管理水平和职业道德。这种模式创立以来受到了市场欢迎，为很多项目筹集了充裕的资金，其中，仅飞车（FlyingCars）项目就筹得3000万美元。

（二）国内发展现状

根据即将颁布的《私募股权众筹管理办法》要求，中国证券业协会在2015年1月，向首批8家众筹网站发放了会员证，俗称"股权众筹牌照"，包括了：

（北京）

1. 众筹网（登记名字为旗下股权众筹平台"原始会"）

2. 天使街

3. 飞度网络（人人投）

（上海）

4. 筹道股权（青橘众筹）

（深圳）

5. 云筹

6. 投行圈

7. 众投帮

8. 开心投

此前，"天使汇"已经向中证协申请成为其会员并通过审核，因此目前中国合法的股权众筹平台共有 9 家，形成"8+1"阵型。

此外，所有证券公司均可合法开展股权众筹业务。但鉴于众筹业务与证券业务项目相比，市场体量和利润率都相差悬殊，所以证券公司很少独立开展众筹业务，而是与"8+1"合作开展。

2015 年 4 月，中原证券将其拟挂新三板项目"伟恒生物"在众筹网（原始会）上线众筹，计划融资 800 万元，实际预约高达 3770 万元，取得良好市场反响。

由于新三板市场交易有限，所以目前拟挂新三板企业会采取先进行一次股权众筹，引入更多投资人股东，为将来正式挂牌之后提前注入交易流动性。此外，提前采取股权众筹，也可以对企业定价做一次预先实验。

有关更多股权众筹项目，可以登录 www.zhongchou.com 查看"股权众筹"栏目。

债权众筹原理和价值

债权众筹，就是向很多人借债，在国内异化称呼为"P2P 网络借贷"。

给陌生人放债，貌似听起来天方夜谭。但现实中，债权众筹 P2P 市场却发展得令人瞠目结舌。仅仅 2014 年，全国 P2P 交易额就达到 3000 亿元！

为什么会有这么多人愿意向陌生人放债？你可以在自己身边的某个组织做个实验，比如一个公司的同事、一个班级的同学。

你现在向你身边的同事或同学借款，说突然接到电话家里有急事，需要马上用 10 万元，但是身上忘记带钱包了，第二天就可以还给他。你看看他们会不会借给你？

答案是不会的。

但是，你同样的理由，说借 2000 元或者 5000 元，看看能不能借到？

答案是开始有一部分同事或同学可以借给你。这个时候，如果你找到 20~50 人,就已经完成了 10 万元的借款。

故事到这里,才刚刚开始。

你接下来还是同样的理由,增加一条"因为确实急用,愿意额外付出 10% 的利息,也就是借 2000 元明天还 2200 元,借 5000 元还 5500 元",再试试?

你会发现不仅可以迅速借到 5000 元,甚至有人"很慷慨"地说可以借你 1 万元或者 2 万元。

然后,再增加一个终极条件:公司老板或者班级班主任听说了你的遭遇,站出来说:"这个人我很了解,小土豪,人品好,确实是家里有急事才借款。大家放心借给他吧,我来担保,如果他明天不连本带息还钱,我来负责还给大家!"

然后的然后,所有的同事们和同学们沸腾了!隔夜 10% 的利息,老板担保,这是多稳妥的投资机会啊!于是主动出借 1 万元的有之,直接说 10 万元我包了的有之,甚至有人说愿意不愿意再多借点儿,利息哪怕低一点儿……

但是,从金融的角度,借款人逾期不还款的风险,会因为出借人单笔借款数额变少,就有所变化吗?会因为有了利息就所有变化吗?会因为有担保人就有所变化吗?——不会变化。

但是出借人的风险控制心理变化了。在单笔金额较少、且有高利息收益诱惑、加上第三方担保措施,出借人会大胆地进行债务出借。由此,形成了 P2P 市场的异常繁荣。

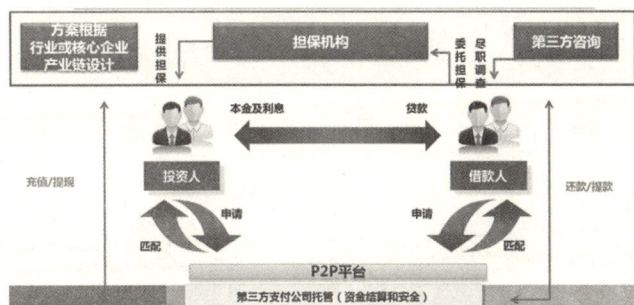

债权众筹 P2P 业务结构图

债权众筹 P2P 业务可以帮助中小企业快速融资,未来将会是超万亿元的庞大市场。

但是目前,由于缺乏有效的监管措施,市场上泥沙俱下,国内每天大概有 5.6 个 P2P 公司会因为资金断裂跑路,出借人血本无归。因此,选择 P2P 投资时需要尽量选择全国性的大平台。

目前国内交易量最大的 P2P 平台,是平安系旗下的陆金所,以及网信金融系旗下的网信理财。如网信理财,可以在 www.FirstP2P.com 注册或下载 APP,填写邀请码 F01699,就可以选择实际案例进行投资测试。

公益众筹原理和价值

公益众筹主要指发起人在互联网众筹平台上,通过发布众筹项目的形式来为公益事业募集资金。发起人可以是个人、NGO、基金会,也可以是企业。

众筹发起人在项目发起前,就要设计好给投资人(支持者)的回报,回报可以是实物、服务或精神性奖励,并在项目成功后按照承诺发放回报并及时反馈进展,项目失败则由众筹平台退款给所有投资人。

公益众筹与传统公益募捐的几个巨大差异:

(1)项目的发起主体不再局限于公募基金会,个人、NGO 组织、企业均可以发起公益众筹项目;

(2)公益众筹项目必须给投资人提供自定义回报,并且在约定的时间发放回报;

(3)回报发放之余,发起人有义务及时提供项目反馈,确保投资人的资金落实到公益用途上;

(4)公益众筹项目存在失败的可能性,并且在失败时会把已募得资金如数全额还给投资人。

此时众筹平台提供的是一个公开、透明的市场环境,公益项目的发起人需要通过自己的实力(项目的设计能力和执行力)和服务(与投资人的互动能力)来吸引投资人,他们必须让外界相信——资金在我这里会产生更大的社会效益。我们认为公益也是一种投资,投资人拿到的并非利润或利息,而是创造社会价值,并通过社会价值的创造获得更大的且无法用金钱衡量的精神满足感。

2014年是公益众筹从0到1的一年,对于初次采用众筹模式来做公益的组织或个人来说,像是打了场脑力体力的双重战役。很多大型基金会虽然纷纷开始探索公众募款的可能性,却往往抹不下面子策划一场目标金额只有几万元的众筹活动;而且即便是几万元,要想姿态潇洒地成功筹集到,也必须在策划、传播、互动上下足功夫,绝不比服务于一个传统的大客户来得容易。

此前的公益组织是没有直面过"失败"这个问题的,项目的质量虽然从根本上决定了一个组织可以调动的各项资源(包括资金、人脉、媒体等等),但无论多寡,皆是发生在台面下的事,个中滋味只有公益组织自己清楚,普通受众绝难窥见其过程也往往并不关心。这种运营过程中的不透明和互动性的缺失,就是中国公益行业拓展影响力的瓶颈,它让公益在过去许多年里一直是从业者和一小部分爱心人士的事业,大众的关注度往往只有在灾难袭来时会立刻升至巅峰,伴随着灾难的离去而跌落谷底。

那么,众筹无疑是在向这个传统的瓶颈开战,它是一个如此真实且透明的平台,项目成功失败一目了然,容不得任何遮掩。一个项目做得用不用心,发起人的切入点是否能引起大众共鸣,项目的执行和反馈是否到位,受助者的权益是否被考虑到实处,所有曾经难以量化的指标都在众筹这一件事上得到了全面的反映。项目最后成功与否、超募多少固然是最浅显易懂的指标,但是支持者的数量、评论数量、转发热度无一不是项目质量的直接显影。

众筹是个天然的聚光场,既然汇集了如此之多的关注,也就注定有各种评论,这也让很多公益组织在渴望走向大众的同时,不得不克服来自于市场施加的深深的不安全感。那么,有这样那样的为难,为何公益众筹仍然势在必行,甚至被我们断言是公益的未来?

公益众筹的价值,是基于奖励式众筹原理,同样体现在"发现、验证、营销、筹资和资源"五个部分。

（1）发现

某种程度上公益众筹扮演着公益行业的风险投资者的角色,在第一线发现、挖掘、放大一个好的公益项目是众筹平台最重要的使命,公益众筹平台通过提供时间资源和营销资源,来帮助公益组织自行觅得第一桶金。在公益众筹这个平等的平台上,发起人的身份毫不影响众筹平台的支持程度,任何项目都如初见,能否演变成如初恋般热烈,只在于发起人的用心程度。

所以公益众筹的第一个价值就是处于公益产业的最前端,于第一线广泛地接触并服务于公益项目的发起人,公平地提供一个让每个人都放心地大展身手和创意的舞台。

（2）验证

比起筹资这种线下也可以实现的功能,众筹给公益组织提供的一个最重要的功能,就是市场验证,只有最优秀的项目才能在大众真金白银的"投票"中脱颖而出,而原本自我感觉良好的诸多项目则在失败后开启反思和调整。

2014 年,公益界争论最炙热的一个话题,莫过于"公益市场化",赞成者和反对者各执一词,将讨论填满了大大小小的报纸和论坛。公益市场化是指"在政府主导下,用市场机制,转变政府资金投入方式与领域,逐步引导社会资源加入,并综合运用多种方式,提升慈善组织绩效,以及推动慈善领域全面结构性调整"。

在众筹这个战场上,失败和成功都是常态。根据《2014 中国公益众筹研究报告》,2014 年公益众筹成功的项目数共计 299 个,众筹网占 53.18%,其次是追梦网 20.07% 和淘宝众筹 18.6%,其中成功项目数最多的众筹网在 2014 年的全年平均项目成功率为 36.7%。公益组织要正视并利用众筹的市场验证属性，充分展示自己的优点，也允许缺陷的暴露，尽力扬长避短。更要紧的是，改变公益人根深蒂固的"既然在做好事，就一定得众人喝彩，项目只许成功不许失败"的念头。

（3）营销

新媒体传播，放在公益领域也是个不新的话题，几乎每个公益组织都在奋力追赶着新时代的浪潮，塑造着自己在大众心中的形象。公益众筹的价值在公益项目的传播上主要体现在以下三点：

1.跨平台的包容性。众筹是一个完全开放的平台，与任何一个社交平台都是互通互联的，只要能想到的途径和方式，统统可以用于宣传自己的项目。

2.用粉丝经济做公益。我们一直鼓励公益组织建立人格魅力，把官方的、僵硬的、非本我的一切统统都卸下，以最本来的真实面目去面对自己的潜在投资人，这面目并不一定是艳冠群芳的，但必须是打动人心的。正是通过人性化的互动和交流，公益组织将在众筹平台上收获到一批真正关注其使命、现状以及未来的"粉丝"，他们不仅仅会投入资金，更实实在在地关注着项目的进展和未来，甚至转而成为项目自发的传播者。不止一次，我们看到留言区里，有素不相识的投资人留言说可以给公益组织提供这样或那样的资源，并说自己已经招呼了亲朋好友来共同支持这样的好项目。正是通过众筹，让公益项目变得人性化，并因此具备了社交属性，在这里发起人要学会运营社区，借助粉丝的力量让自己的项目呈现放射型的传播。

3.发起人之间的互推。众筹平台的价值还在于聚拢了一批有志于用新方法来探索公益的同道之人，特长各异，自有绝学，众筹给了他们一个释放才华又彼此帮助的渠道。在我们为发起人所建的微信群里，市场可以看到来自天南海北的发起人在彼此分享成功经验，更主动帮助对方去推广项目。在这种善意的你来我往里，我们看到的是众筹平台所积累的社区价值,不仅是每个发起人在以项目为中心运营着自己的社区,更是中国公益界的先锋力量们在彼此构成的社区里共同成长,互通有无。

（4）筹资

2014年的非公募基金会论坛上,几位公益界的大佬共同喊话:"不以筹资为目的的众筹都是耍流氓。"的确,不管前面说了众筹有多少闪闪发亮的附加价值,对公益组织来说,能拿到发展和助人所必须的资金,比什么都来得实在而紧迫。所以众筹最重要的价值之一依然是它的老本行——筹资,相较大型基金会一年几千万的筹资额来说真的不多（90%的项目筹资金额都在5万以内）,但越来越多地,众筹已经成为公益组织迈出公众筹款的第一步。作为拥抱市场化的第一个亮相,众筹给公益组织提供了一整套系统的筹资理论和工具,我们尽力打造一个朴素但坚实的舞台,让能筹到钱的满载而归,筹不到钱的也筹到了人气和意见。

（5）资源

众筹网一直将为公益组织对接资源当成是自己最重要的工作的一部分。因此,网信金融集团旗下P2P理财平台"网信理财"与众筹网合作,推出了中国首个"公益P2P"系列,每周将一个精心挑选的公益项目推送到上百万名高净值的理财客户手中。这是国内第一次把公益和理财嫁接在一起的尝试,让公益组织用接近于零的成本,精准地触及中国刚刚崛起的百万数量级的中产阶级,也让那些原本就有公益诉求的人们可以用理财利息就在最熟悉的平台上完成了公益投资行为。

不得不再次强调,之所以叫"投资"而非"捐赠",是因为一来所有投资人都会得到发起人提供的回报和反馈,二来我们相信所有投入公益的资金无非都是在投资一种让社会变得更好的可能性,它的收益最终体现在改善公共生活和推动社会发展上。

第二章　项目设计和实施

项目设计原理

如果我们(或者客户)想做众筹,沟通的第一步就是首先了解清楚,项目方想要得到众筹的什么价值。

1.确认是否已经明白融资成本原理,即众筹是成本很贵的融资方式。众筹不是简单的编故事,拿了别人的钱不用还。拿到钱的过程,要花费大量的沟通成本;参与人数众多,代表着更严格的审查和监理;项目如果失败,负面信息会被传播得非常广泛,信用代价更大。

2.因为众筹融资成本这么高,如果客户还需要做众筹,就说明融资不是客户的唯一目的。

在谈众筹原理时已经讲过:众筹首先以"验证"和"营销"为核心价值,如果验证和营销成功(即众筹成功),资金和资源是成功的结果。确认客户为什么要做众筹,就是最想得到哪一个价值。这关乎之后的项目设计方案。

第二步,确认客户的项目能给市场提供什么价值。

众筹是融资行为,作为支持者就是投资人。向投资人推介的项目,应该是有价值的项目。再次强调,众筹不是集资骗钱,这是严肃的投资融资行为。

什么是有价值的项目? 最简单的判断方法就是:

A、解决了现有的市场痛点;

B、给市场提供新的 G 点。

市场痛点,就是当前市场还不能满足用户需求的产品或服务。

比如,众筹网上有一个众筹案例,叫"刷刷手环"。刷刷手环是一款智能手表,但众所周知,玩智能手表概念的很多,测血压、计步器、统计睡眠状况等等。但是这种图新鲜感的设备,基本上用户戴不过两个月就不玩了。

"刷刷手环"则看到一个问题,是在北京、上海、深圳这样的大城市,早晚通勤时乘坐地铁,需要刷 IC 卡的这个必须动作。第一,地铁里人山人海的,从包里掏卡特别不方便;第二,由于人潮涌动,稍不注意就把卡丢了。用户使用 IC 卡很不舒服,这就是市场痛点。

"刷刷手环"就与当地的 IC 一卡通发行公司合作,把计费芯片植入到手环里,这样用户到了地铁的读卡机,只需要把手在读卡器上挥动一下,就可以通过了。

这款产品众筹时获得了 8 倍的支持总额,充分验证了市场需求,已经于 2015 年大规模量产上市。

抛弃钱包里无数多卡片的快捷支付,是社会上普遍性的市场痛点。因此,苹果公司在新出品的 iWatch 智能手表中,更进一步直接预装了支付宝钱包。

市场 G 点又是什么呢？就是让用户兴奋的产品或服务。

比如，KTV、酒吧和电影院。我们一辈子不去这些场所，也不会影响我们的正常生活，但是我们如果去了，花了钱，就会觉得很 high。

雪花啤酒的"勇闯天涯"，销量非常高。原因是什么呢？因为它的酒精度很低。路边撸串喝酒，三五好友要聊天为主，如果酒精度高的话很快就喝醉了，大家就不开心。但是喝雪花啤酒可以喝很久，所以用户就很喜欢。在一些地方，"勇闯天涯"被称为"怂人乐"，就是这个意思。

正确了解产品或服务到底是满足市场痛点，还是给予市场 G 点，可以较早开展市场分析，避免进入错误的市场。

例如，以计划开一个烧烤撸串店来分析：当前市场上最主流的烧烤撸串店模式，是"很久以前"的自助烧烤模式，或者类似路边摊的"一九烧烤"厨师服务模式。

自助烧烤的好处，是类似于火锅店，店主只需要提供食材和设备，运营成本较低，且用户有参与感。厨师服务的好处，则是全方位的标准餐馆模式。

"很久以前"烧烤，6 人创业者 6 万元起家，奋斗 6 年做成了估值 6 亿元的连锁店。励志不？那么如果你身处一个地级市或者县城，该不该加盟或者模仿这种自助烧烤撸串呢？

此时，就需要首先分析，这样的自助烧烤是解决了市场痛点，还是给予了市场 G 点。

是的，它是个 G 点产品。

G 点产品代表着小众需求。

用户基于新奇感，会愿意去这样的店里体验。但是几次新鲜感过后，用户还是终究要回归"吃饭"的本质。不是每个人都是烤串高手，能烤得外焦里嫩、入口即化、特别有嚼劲等等，那些是电视台主持人描述的境界。在人口数量大的城市，哪怕每百人里面有一个人愿意去尝试，哪怕每个尝试用户去两三次，都是庞大的市场。但是人口基数小的城市，大家的新鲜感过去之后,怎么办?

再比如,目前媒体报道说现在儿童走失得很厉害。怎么解决孩子丢失的问题呢? 现在流行可穿戴智能设备,就有个创业发起人,设计了一款儿童手表,这个表里面内置芯片 GPS 定位,然后再和父母手机 APP 连接。父母可以看到孩子在哪里,甚至可以拨打过去监听孩子周围的环境声音,大概能判断孩子在什么样的场合,这样有便于寻找小朋友。

创业发起人认为这是解决了市场痛点,所以寄托了很大的市场期望。但事实上,这是 G 点产品。

为什么呢?

第一,小孩子的东西,会存在孩子喜不喜欢的问题。孩子不喜欢,他就不愿意佩戴,即便佩戴也会设法扔掉。

第二,这个产品很容易被拆除。如果真的发生了丢失,犯罪分子会马上摘除这些容易被识别的外部特征。

最终,该产品众筹效果果然很差,失败了。

此后,有一个公司却分析出这个产品功能是个 G 点产品,于是换了一个思路,做成了宠物狗的项圈,从此小区内遛狗变得比较轻松。

从价值出发设计项目,是最根本的业务原理。正确分析痛点和 G 点,是保障项目成败的第一步。

市场营销原理

之前已经了解,众筹对于创业者的四个价值: 第一是验证,第二是营销,第三是筹资,第四是资源。

验证是众筹的天然属性,而众筹项目如果成功了,资金和资源是自然得到的副产品。所以,本质上众筹是一场全程营销的过程。

市场营销是一门专业学问。理论指导实践,会使得我们在进行这个专业活动的时候有章可循。守正出奇,就是在做这种专业规范事情的时候,你只要按照正规的章法,步步为营做完,就能得到基本 80 分的结果,这就是守正的重要性。如果想得到 100 分,甚至想超越 100 分,这时候再出奇招,想点子,想策划。

什么是市场营销?

市场营销是个人或集体通过交易其创造的价值,通过产品和服务来体现其创造的价值,来实现双赢或者多赢过程。

这里要注意两个关键词汇,第一是价值;第二是双赢。

为什么说传销这个事情不可持续,就是传销过程中只交易了财富,而不带来价值。

诈骗这种事情也不可持续,就是有一方得了好处,另外一方没有得到好处。

市场营销的最基础知识,就是 4P+2P。

4P, Product(产品), Price(价格), Place(渠道), Promotion(推广),这是市场营销中标准的四个要素。

要注意顺序,一定是先有产品,再通过这个产品的属性定位来决定它的价格,根据不同的价格才会选择不同的渠道,不同的渠道就要采取不同的推广和促销措施。

举个例子,我们要做皮包生意,如果定位是一个高端品牌,就得买高质量的牛皮,雇佣好的匠人,甚至采用手工缝制工艺,这样一来售价就是万元以上。既然万元以上的价格,会在什么渠道卖?专卖店,或者私人会所。在专卖店或者会所这两种渠道,将会采用的促销或者推广措施是什么?大减价买一赠一,会吗?不会。推广促销手段就会是玩限量版,打折季,尾货等等,甚至在会所里面赠送年卡这样的方式。

另外的 2P 是什么意思? PR 和 Power。

PR, public relations,公共关系。公共关系在中国特指的是媒体公共关系。

Power,权力。在中国都是什么权力机构?政府、协会、商会等有资源的机构。

PR 和 Power 是在中国市场必须的两个要素,这是中国国情,在一定时期内往往会比前面的 4P 还重要。第一,所有媒体都是官方主办,国家办媒体就代表了它有权威性,老百姓就会觉得只要是媒体刊登的,就是可信的。第二,有权力的组织,持有企业需要的资源和资质。

因为中国不是市场经济国家,也不是计划经济国家。中国是"政府主导下的市场经济",所以在中国的市场营销,是 6P 法则。

如何构建价值导向的商业模式

任何一个众筹项目,本质上就是一次创业。所以,众筹项目都需要建立商业计划书,即有自己的商业模式。

如何建立商业模式? 就是以 3V,价值体系来构建商业模式。

V, Value,即价值。3V 分别指"价值主张、价值传递和价值实现"。

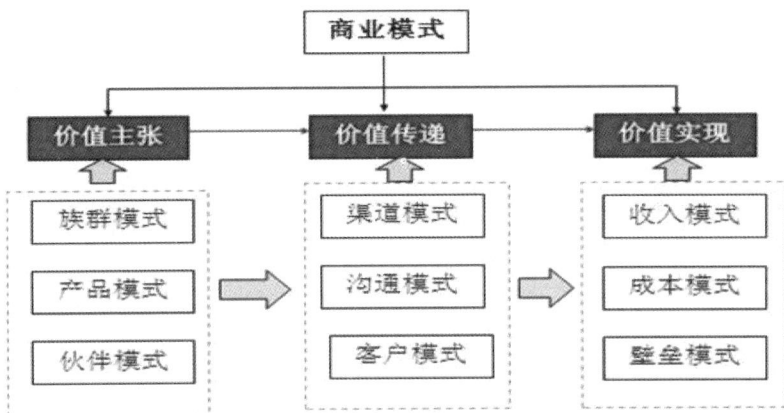

以价值为贯穿,用三个价值来完成这个商业模式的构建。

价值主张:包括族群模式,产品模式,伙伴模式;

价值传递:包括渠道模式,沟通模式,客户模式;

价值实现:包括收入模式,成本模式,壁垒模式。

其中比较难理解的,是"族群模式"。

为什么不把族群模式叫做用户群模式? 在过去的工业时代,也就是在互联网时代之前,我们对目标市场的用户是这样描述的:

"我们这个房子是要卖给 25 岁以上 60 岁以下,年收入 15 万以上的中高级从业人员。年龄,收入,职业,还有性别,会以这种硬指标来划分用户群。"

在这种情况下,对于一个房产商来说,25岁以上到60岁且年收入15万以上的人,这些人会在哪里?

这样划分用户群,你就会发现满大街到处都有这样属性的人!所以过去房地产商是怎么做营销:大马路上竖几个大广告牌,电视上几分钟的广告,广播里也是投广告,报纸上整版,一切的媒体全投。

族群模式不再以这样的硬指标来划分,而是找出目标用户的共同点,简称为标签。互联网时代每个用户身上都有标签。比如小米公寓,他的用户群通过族群模式来定义,就是"雷军粉丝"、"创业者"、"社交范儿",由此就收窄了目标,精准定义市场面。

另一个要点就是壁垒模式,即构建护城河。

很多次讲课时,都有学员问一个问题,说是我的创意上了众筹,那别人不就看到了,万一先抄袭了怎么办?每次我就呵呵了。因为如果你的创业项目,成功要素之一是保密的话,那就趁早不要做了。这就说明项目没有壁垒模式。

商业模式,就是看这九条是否都想清楚了。有一条没明白,都是死路一条。

必须了解的理论知识

首先需要了解基础理论。

基础理论是构建互联网市场的本质——"蓝长平二"。

蓝,蓝海战略。本质上就是做差异化,与众不同。

长,长尾理论。长尾理论是构成电子商务行业的基础理论,满足小众市场需求。

平,世界是平的。互联网把全世界进行了连接,消除了区域化。

我最近看到的最多的笑话,就是某个区域大佬觉得众筹行业不错,于是也搞个本地的众筹网。凡是干这种事儿都是死路一条,因为互联网本质就是世界是平的,消除区域差异。所谓团购市场的千团大战,就是替美团网教育和培训了本地市场而已。

其次,Web2.0,就是互联网 2.0 时代。

我们现在已经进入了互联网 2.0 时代。互联网 1.0 是以网站为中心,也就是以企业自身平台为中心。2.0 时代是以用户为中心。简单举例子,我们在新浪网上看新闻,看到什么样的新闻是由谁决定的?是由新浪网站编辑们决定的。

Web2.0 时代,我们读新浪微博,你所看到的那些内容谁决定的?是读者自己决定的。你自己决定看什么,不看什么。

Web2.0 时代要把所有决定权交给用户,而不是经营者自己决定。正如我们之前讲过,奖励式众筹对创业模式的改变原理是什么?也在这儿。我们传统创业为什么失败率97%?是因为它完全是基于创业者自身一厢情愿,自己找物业,自己决定运营方式,所以是97%。2.0 时代是什么,通过众筹,让未来的消费者决定你应该做什么,应该做成什么样子,怎么定价,怎么定制。所以,只有根据奖励式众筹验证过的项目创业才有成功可能性。

众筹是典型的 Web2.0 时代产品,投资给谁,是让消费者决定。

接下来需要了解战略理论。

战略理论里最重要的是马斯洛需求。

马斯洛需求是来自于人性的本质。我们每个人活在这个世界上会需要什么,什么是我们的最低需求,什么是我们的最高需求?

我们用一个简单的例子来比较,一台电脑,就是一台纯硬件买回来,这代表这台电脑没有生命,因为什么都做不了。如果要这台电脑开始工作,首先要装什么软件?

先装操作系统,比如 Windows,首先让这台电脑活起来。操作系统这个需求,对于一个人来说就是生存需求。

安装操作系统后再装什么?杀毒软件。为什么要装杀毒软件,是因为防止这个系统崩溃,之前的工作前功尽弃。杀毒软件对于一个人来说就是安全需求。

杀毒软件装完了以后再装什么软件? QQ。就是手机拿到手,因为操作系统和安全软件都是预装的,我们会马上下载安装微信,连通世界。这对人来说是情感需求。

接下来,我们就会安装办公软件,比如 Office。因为需要办公,要挣钱,要活得更好,从人的角度来说我们需要获得尊重。

最后,每个人会根据自己的喜好,安装视频软件、炒股软件、游戏软件等等五花八门,从人的角度来说就是实现最高需求——自我实现。

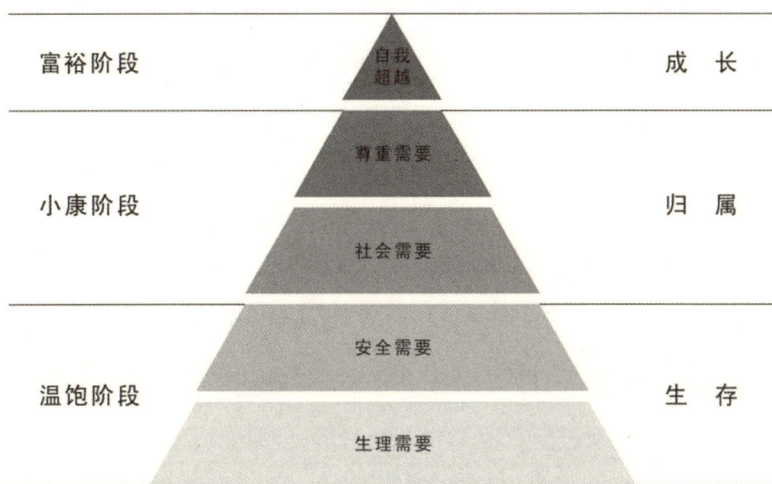

五层需求的特点是什么,如果你的产品满足的需求越低,就代表着产品的销售量越大。比如卖盐、卖粮食、水、电气产品,这些都是为了生存,人人都要买,销售量巨大无比。产品满足的需求越往上,销售量就越少。

但是另外一个悖论是它的价格,如果越往下,越往底层销售量越大,销售价就会越低。比如卖盐,如果一百块钱一斤,这个时候就影响了社会生存,就要革命,所以政府会管制价格。需求越往上,一架私人飞机卖多少钱,完全没人管。

最重要的是执行理论。

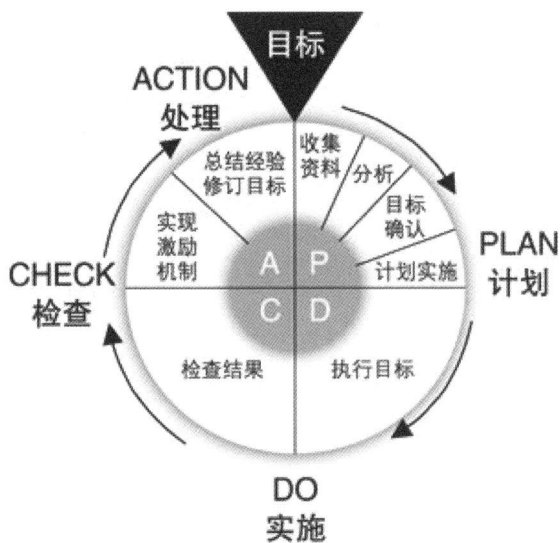

PDCA循环,是执行的基本方法。

首先做计划,PDCA的核心要点是指没有什么计划是完美的,所以不要一直停留在做计划,有了计划要马上实施。因为你知道它不是完美的,所以要在实施的过程中进行检查,检查有哪些实际情况和自己做的计划不一样,然后要进行处理,也就是修正计划。然后再继续干,再检查,再修正。不断地在执行、检查、修正这个过程,使得最终这个计划得以实现。

那么怎么做计划? 首先做定位,希望实现什么愿景,然后SWOT分析,根据分析结果制定5W3H行动计划。

S(strengths)是优势、W(weaknesses)是劣势,O(opportunities)是机

会、T（threats）是威胁。按照企业竞争战略的完整概念，战略应是一个企业"能够做的"（即组织的强项和弱项）和"可能做的"（即环境的机会和威胁）之间的有机组合。

优势，是组织机构的内部因素，具体包括：有利的竞争态势；充足的财政来源；良好的企业形象；技术力量；规模经济；产品质量；市场份额；成本优势；广告攻势等。

劣势，也是组织机构的内部因素，具体包括：设备老化；管理混乱；缺少关键技术；研究开发落后；资金短缺；经营不善；产品积压；竞争力差等。

机会，是组织机构的外部因素，具体包括：新产品；新市场；新需求；外国市场壁垒解除；竞争对手失误等。

威胁，也是组织机构的外部因素，具体包括：新的竞争对手；替代产品增多；市场紧缩；行业政策变化；经济衰退；客户偏好改变；突发事件等。

SWOT方法的优点在于考虑问题全面，是一种系统思维，而且可以把对问题的"诊断"和"开处方"紧密结合在一起，条理清楚，便于检验。

执行方案，要使用5W3H来进行细节描述，即：What，Where，When，Who，Why，How，How much，How feel。

（1）Why：为何——为什么要做？为什么要如此做（有没有更好的办法）？（做这项工作的原因或理由）

（2）What：何事——什么事？做什么？准备什么？（即明确工作的内容和要达成的目标）

（3）Where：何处——在何处着手进行最好？在哪里做？（工作发生的地点）

（4）When：何时——什么时候开始？什么时候完成？什么时候检查？（时间）

（5）Who：何人——谁去做？（由谁来承担、执行？）谁负责？谁来完

成？（参加人、负责人）

（6）How：如何——如何做？如何提高效率？如何实施？方法怎样？（用什么方法进行）

（7）How much：何价——成本如何？达到怎样的效果（做到什么程度）？数量如果？质量水平如何？费用产出如何？

（8）How feel：什么结果？

灵机一动的理论。市场营销讲究守正出奇，如果我们在方案设计里，能想到有趣的爆发点，就会事半功倍，这就是灵机一动。

第一，木桶理论。原本我们知道它的本意是，木桶能盛多少水取决于它最短的那个板。这是传统理论。但是现在互联网时代不再一样了，在互联网不再是大鱼吃小鱼的时代，而是快鱼吃慢鱼的时代，我们要非常快速。我们在不断地补自己的短板过程中，可能这个短板是别人的长板，我们追别人的长处永远追不上。所以在新时代，我们会换一个方法来思考：同样这桶水既然有一块板特别短，我们可以把桶倾斜放，最短板向上，同样可以装更多的水，也就是要扬长避短。

第二，羊群效应。羊群效应在互联网时代其实指的是意见领袖的效应。原本的这个实验是从一个通道让一群羊通过，在通道里拉了一根绳子。领头羊会在前面走，于是一跳就通过了；第二只羊跟着跳过去，第三只羊跟着跳过去，跳跳跳，跳过去几只羊以后就把绳子抽掉，但是后来的羊也都继续在原本那个绳子的位置跳一下，跳过一个根本不存在的绳子。

第三，破窗理论。破窗理论的现实实践是，一个房子如果窗户破了，没有人去修补，隔不久，其他的窗户也会莫名其妙地被人打破；一面墙，如果出现一些涂鸦没有被清洗掉，很快地，墙上就布满了乱七八糟、不堪入目的东西；一个很干净的地方，人们不好意思丢垃圾，但是一旦地上有垃圾出现之后，人就会毫不犹豫地抛，丝毫不觉羞愧。

现实生活中，如果我们进入到一个广场或者一个餐厅、咖啡馆，想抽烟了拿出烟来，我们会首先做一个什么动作？四面看看有没有烟头，如果四面发现已经有烟头,我们会毫不犹豫地点上一根。但只要发现四周都是干净的,我们就会不抽了。这也是电子商务网站为什么要删差评,因为一旦出现一个差评不去处理,就会跟随有一堆差评。一个负面没有及时处理,就会有更多的负面抱怨。

第四,果子理论。比如大家要分好多盘樱桃,这时候有人说张老师讲课比较辛苦,把最甜的那盘给张老师吧。于是班长就去每盘里挑一个樱桃尝一尝,然后选出最甜的那盘给了我。

但是,是不是这盘就是最甜呢? 实际是完全不一定。果子理论的要点就是如果让人感受到你的优点,哪怕只是仅有的一个优点,别人会认为你全是优点。这就是一俊遮百丑。

讲一个神奇的理论,锚定效应。

锚定效应是,比如说我们为什么在电商光棍节 1111 节的时候一下子创造几百亿的销售量,也就是无数的人都等着在那天消费,既不提前一天也不推迟一天。为什么要在那天买? 打折。就那天便宜? 对。你怎么知道那天打折便宜了? 因为是相对于以前的价格来说。以前的那个价格,实际上就是对消费者形成心理锚定。

最后,一个无奈的理论,马太效应。马太效应,为什么叫马太效应? 就是来自于圣经里边马太福音的一个篇章。上帝说如果一个人拥有很多,就应该让他拥有更多。如果一个人拥有很少,就把他很少的部分也拿走。上帝是这么说的,结果社会也的确是这么办的。我们会发现这个社会有钱的人就会越有钱,没钱的人就会越没钱。你越有权力和资源,你就拥有更多的权力和资源。

众筹项目也是一样,如果一个众筹项目刚开始几个小时众筹金额增长很快,就会吸引更多的人过来支持这个项目,增长越快的就越快,吸金能力越强的就会越强。

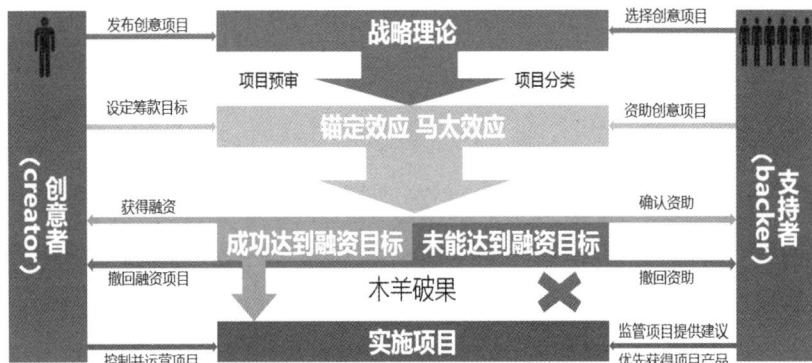

（用理论知识武装起来的众筹网）

众筹方案设计和发布

第一节　如何规划众筹项目

1.1 确认自己想要什么价值

正如前文所述,以众筹网(奖励式众筹)为例,他可以按照循序渐进的方式为项目发起人获得五种价值提供机会。这些价值提供机会有的时候是全部存在,有的时候只能实现其中的一两个。

如果您作为一个普通工作者或者是在校大学生,已经受到了足够多的"成功故事"洗礼,想看看苦思冥想出来的"产品"是不是"靠谱",你就可以利用自己的周末,花上几个小时来"制作出你的众筹项目",并通过十几天时间来验证,你究竟是下一个乔布斯还是下一个梦里的乔布斯。但是你已经确定自己就是个乔布斯,来众筹网上准备花个 5 分钟的"电梯陈述"来拿到数百万美元,强烈建议您选择适合的时间做项目发布尝试——比如半夜 1 点钟以后——这个时间认识你的朋友们会当成是在梦游状态下看到您的梦想,不至于影响到他们对您智力的怀疑。

因此,您需要牢记在众筹网上,最核心的两个结果原则是"验证"和"资源"。

1.2 确认你能提供什么价值

忘记那些成功学的垃圾学说吧——把玻璃放在众筹网上,不会自己变成钻石的。但是如果您将玻璃制作成了一件独一无二的艺术品，就一定会有慧眼识珠的人民群众为你这个行为表达青睐——当然也许只是"1元钱的赞"。

众筹既然是一个验证的过程，其所验证的对象就是"价值"。您的项目，可能是商品，也可能是某种服务，都必须显著地、清晰地表达——将为用户带来什么价值？

关于价值的解释，普遍性的观点是"解决用户的痛点"，为用户带来便利性、安全性等等可见的利益回报。还有另外一种价值机会，是理工男们很少意识到，但却是全世界最大产业之一的价值点，就是"触碰用户的 G 点"，为用户带来感官、情感等非物质化的利益回报。

不管是"解决用户的痛点"还是"触碰用户的 G 点"，这都是发起众筹项目的前提之一。如果连自己都没有办法让自己兴奋，请坚信：陌生人们一定不会用真金白银来贬低自己的智力。

1.3 不要低估了项目交付的困难度

"我发现年轻父母们特别关心宝宝的健康，尤其是在宝宝生病的时候。宝宝的体温是否正常？心率是否安好？是否正在哭闹？父母们一定愿意为解决这个'痛点'付费。"

"经过资料查阅，以及自己的学习知识，我们已经知道'传感器技术'完全可以解决这些监测问题。通过实现手机上的 APP 实时监测，这将是一款革命性、颠覆性的创新产品，将满足每年数十万新增家庭的保健市场需求！"

真是一个伟大的构想！事实上我已经接触过不下 3 个这样的团队，不但提出了构想，还都已经投入了资金研究出了工程机型（这就是在众筹网上"发现"的价值）。

但是很遗憾，没有一个项目能通过众筹网项目发布的审核。要知道对于一个实验室产品来说，走向市场、进行量产是一个负责的系统工程。奖励式众筹的要点在于：该项目必须能够完成承诺的回报——至少从理论上要能实现。

"请问：你们拿到医疗器械生产许可证了吗？没有啊，那您知道这个证书如何取得吗？"Game Over。

第二节　怎样发布众筹广告

好吧，你已经深刻理解了上文提出的 3 个问题，知道从车库（中国好像有车库的家庭就基本不需要创业了）走向乔布斯的路途还很遥远，现在要脚踏实地地迈出你的众筹之旅了。

赵本山老师说过："别看广告看疗效！"遗憾的是这本身就是一句经典的广告。所以，你已经深刻地知道发布一篇好的项目说明，将是你众筹成功的一半。现在，跟着我一步步来完成你的第一次众筹项目发布吧。

（以下按照众筹网 www.zhongchou.com 为例，来了解"广告是怎样炼成的"）

2.1 注册用户，并完成个人信息

网页访问 www.zhongchou.com，或者手机通过浏览器地址访问 App.zhongchou.com，完成注册页面。

已有账号 直接登录

用户注册

手机号：请输入您的手机号

密码：请输入6-16位密码

确认密码：请再次输入密码

昵称：请输入昵称

手机验证：　　　　　获取

☑阅读并同意众筹网的《服务协议》

立即注册

新浪微博 ｜ 腾讯微博

　　需要特别注意的是,由于移动互联网已经成为势不可挡的趋势,因此以众筹网为例的大多数应用平台,已经完全按照手机号码来进行新用户注册了。这不仅仅意味着不再支持邮件注册或者个性用户名,还代表着非大陆移动通讯用户(收不到短信验证码)也同样不能完成注册。

　　进行按照国别区域的用户限制,是满足法规监管的必要手段。全球最大的奖励众筹网站 Kickstarter,同样对美国、欧洲等不同区域用户有着不同的发布和监管要求。

2.2 完善个人资料

　　由于你的手机号码已经被绑定,所以有必要迅速去完善你的个人资料,让你从第一天开始就建立在众筹网站上的信用度。

2.3 浏览一下众筹网站,了解和学习一下其他项目的描述和进度

2.4 选择"发布项目",开始众筹之旅

　　如同所有网站,同意电子服务协议是必要的。

　　和其他互联网站不同的是,我强烈建议项目发起人认真阅读本服务协议。因为众筹网站是在做金融服务,所以对于协议的执行条款的严肃性会放在空前地位,以此来保护那些支持项目的投资人。

2.5 填写项目基本信息

其中最需要关注的众筹要点是：您所发起的项目必须有明确的截止日期，以及筹集资金的最低额度。如果在截止日期到来之时，筹资金额没有完成最低额度，则视为项目众筹失败，所有支持者的款项将"原路返回"。这是和传统电子商务里的"团购"或"预售"的根本不同点。

例如，您希望发起一个明星见面会，或者一款新潮的科技台灯，计划在30天筹资100万元。那么当30天时限来临那一刻，即便您已经筹资完成999999.99元，也属于项目失败。另外，只要当限制时间到达，项目支付即关闭，即使再有人想给您支持1元钱或者100万元，也都无法实施。

另外需要重点关注的就是项目标题。我们知道作为"标题党"，芸芸众生何以点击，进而了解你的项目，标题是非常重要的关键，开头几个词汇必须直接抓住眼球。特别是要考虑到项目标题在手机APP上可呈现的字数更短！例如《第一部众筹书"玩转众筹"实现超募十倍》，就不如写成《超募10倍！第一部众筹书"玩转众筹"实现超募》。

2.6 填写项目详情页,重头戏

由于每个项目的具体情况不同,所以大量浏览已经成功的筹资案例,会显著地有助于项目文案的撰写。

2.7 设计回报项目

回报设置是体现"奖励"的要点。

基本原则有两个：

1. 设置 3 个以上的回报，多些选择能提高项目的支持率。牢记你是来获取第一批粉丝的，所以要获得用户支持，当成比获得钱更重要的事情。从 1 元点赞到几千元获得终身 VIP，不同档次的回报，能让你的项目众筹更快成功。不过千万别让你的粉丝们挑花了眼。

2. 回报最好是项目的衍生品或者至少与项目内容有关，毕竟粉丝们是来支持你的梦想，不是来捡便宜货的。

2.8 完成收款信息，提交审核

众筹网会按照两审流程来查验所提交的项目信息。

初审主要查证文字、图片等呈现性的问题，以及项目是否符合电子服务协议里的允许范围。一般初审在当天即可完成。

复审是由专业的行业运营团队来完成，会对项目的可行性、发起人个人信息、回报交付风险等进行评估。这一过程会在两到三天完成。

如果两审都通过，您就可以开始进行众筹之旅的下一步了。

www.ZhongChou.com 或 App.ZhongChou.com 或 搜索 "众筹网"

第三节 推广和实现众筹项目

导语已经讲过,作为产品/服务的缔造者,您需要非常清晰地知道这一项目面对的用户对象,以及所提供的价值。只有定位用户准确,您的产品设计、价格策略、渠道选择和推广方式才能依次展开。

市场营销是一个负责的系统工程,有关在新媒体环境下,以及移动互联网时代如何推广你的众筹项目,同样是一个很系统复杂的行动。但是其原则必须谨记:

3.1 最支持你实现梦想的人,是你自己

所有成功的众筹项目,其最大的推动力来自于项目发起人本身。《社交红利》的作者徐志斌,在项目发起之后两周时间内,通过其微博、微信、QQ 群发、新闻投稿和口头告知等一切手段,每天都在积极发布和推动众筹项目的宣传,取得了初步获得 3300 个粉丝的成绩,继而再通过与这 3300 个初试粉丝的沟通,取得了总体印数超过 5 万册的成绩。

3.2 善待和团结你的第一批支持人

当众筹项目发布之时起,你的支持人就会开始在项目页进行留言互动。众筹平台上你的 "个人中心" 里也会显示出所有支持人的信息。及时联系你的支持人,向他们随时汇报项目的最新进展,他们会成为你稳定的传播宣传渠道。

3.3 向众筹网站申请得到支持

众筹网站的立意,就是帮助发起人实现梦想,也帮助那些投资人找到

值得支持的项目。众筹网站本身拥有巨大的用户数据库,稳定且日益增长的宣传渠道,以及为了支持优质项目的市场费用预算。与平台方建立紧密的沟通,会为自己获得额外的支持资源。

最后要提示发起人的,就是实施节奏要快。

在项目发起之前,应该深思熟虑,设计好文案、视频、图片、宣传文稿等等必要的营销工具,一旦发布就要迅速达成项目结果。

被公开的项目创意,会有被别人仿效的风险。因此迅速推进,快速迭代,是吻合互联网时代产品思路的不二法则。这里的快速迭代,也包括您在设计回报时,回报项目应该可以迅速兑现,以实现自身的口碑。对于跨度周期很长的项目,可以分解为数期项目分步完成。

例如,网友杨易宇是一位旅行爱好者,他在拉萨选择了一个 500 平米的空间,希望为"沙发客"建立一个小客栈。我们知道对于 500 平米空间客栈的投资,需要较大的资金投入。为了验证这个想法的可行性,杨易宇首先在众筹网发起了募资 5 万元的众筹项目,设置了非常具有吸引力的回报模式。这个原定 75 天的筹资项目,大约在 30 天就募资完成。

由于有了实践经验和初期支持了 5 万元的"原始粉丝",杨易宇立即发起 38 天 15 万元的第二期募资,结果以 17 万元超募完成。这是一个典型的"分期推进"案例。

众筹网目前已经开设了"众筹大学",开展众筹实战教学课程。

第四节　股权众筹的设计要领和实践

股权众筹是现在社会媒体上广泛传播的"众筹",可以理解为一种集资行为。这是和"奖励众筹"完全不同的一种"大资金"众筹模式。

最早的股权众筹可以追溯到上世纪 80 年代的娱乐场所,例如夜总会、酒吧等等领域。大股东在自身已经拥有足够资金的情况下,依然会拿出一部分股份,以优惠的价格转让给文化、艺术等关键领域的知名人士,以获得客户人脉资源。

随着互联网时代的来临,空间和时间的区隔都被打破,投资人和项目所有者可以交往的机会大大增强,特别是互联网金融的发展,利用P2P交易平台和众筹平台,辅以征信、保险等预防风险措施,使得众筹式的股权融资开始快速发展。

但是目前有关法规对于股权众筹还处于制定过程中。

在此,只简要提醒关于股权众筹设计时,区别于"非法集资"的必要红线:

为了保障股权众筹集资的合法性和合规性,第一股权众筹平台不能自己建立资金池,即投资人的款项必须对应着融资方;在汇款过程中,资金账户应该受第三方金融机构监管;第二是股东人数不能超过200人(股份有限公司)或50人(有限责任公司、有限合伙公司)。

但是,正如开篇所言,在你准备做众筹之前,是需要首先想好"我要通过众筹得到什么"的。众筹,特别是股权众筹是一个融资的行为,对于融资的方式有很多,你要确定,股权众筹是不是你想要的菜。

第一,最低成本融资始终是贷款,尤其以银行贷款为最佳。股权众筹的本质是在增加股东,并不是借款。如果仅仅是因为钱,转让股份绝对不是最好的主意。

第二,金融工具有很多,VC、P2P、定向发债等等都是一种选择。如果仅仅是因为钱,股权众筹和奖励众筹价值根本是一致的:他是在完成验证你商业模式和获取粉丝(合作伙伴),而不是获得钱。

第三,因为第二条的原因,所以除非你没有更多次的融资需求,否则不应该选择股权众筹。专业投资机构不会喜欢太分散的股东结构,而众筹来的股东也大部分无法进一步提供更多的资金。

众筹不是万能药,不管是奖励众筹,还是股权众筹,都是如此。只选对的,不选贵的。

股权众筹的实例,可以参阅众筹网的股权众筹频道(www.zhongchou.com),或直接登录"原始会"(www.yuanshihui.com),这是网信金融集团专注股权众筹的子公司。我们以此为例,学习如何发布股权众筹项目。

前面已经说过,股权众筹不是万能药,有行业的选择性。股权众筹项目筛选标准如下:

(1)查看项目的所属行业类别

分析判断该项目属于什么行业领域,如果项目是涉及矿山、造林、制造业、机械、化妆品等领域,将不予考虑。股权众筹关注的行业领域主要集中在科技、移动互联网、现代农业(特色农产品、城市农庄)和生活服务业、房产、医疗健康等行业,因为这些项目符合"大众需求",即"消费者为投资人",具体行业类别如下:

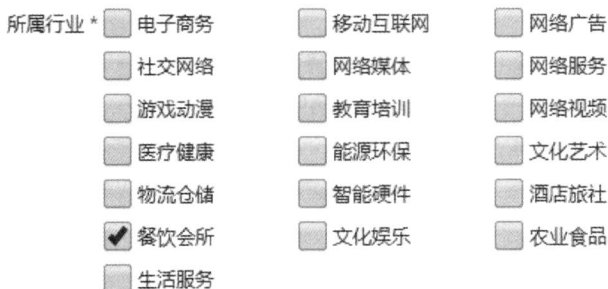

(2)查看项目融资金额

判断金额:众筹是草根人的专利、普通民众的投资,基本都是小钱玩投资;同时,众筹的最终目标也是帮助中小微项目和个人创业者完成融资。因此,项目融资范围应在 50~500 万元以内,这符合股权众筹的平台标准,也是项目方能够承受的心理范围。

(3)查看项目基本要素

查看项目的基本要素内容是否填写,比如:项目名称、一句话亮点、项目阶段、团队人数、所在城市、项目 logo、用户需求、解决方案、方案优势、盈利模式、融资需求等基本信息;判断这些信息是否符合要求,如果有不符合需求的,或者表述不清楚的,都是没有达到标准要求,须退还项目方。

(4)判断项目众筹的目的

当项目方提交的项目具备基本要素之后,需要判断项目的融资目的。根据上述的相关要求,做出判断。具体情况如下:

1. 判断项目是否已有成熟产品或者已有部分实体功能,希望通过股权众筹筹集资金,达到推动项目进一步发展的目的。

2. 如果项目纯属空想、吹牛皮,等待资金方可实施的现象,纯属圈钱行为,直接予以拒绝。

3. 项目方已通过线下找到投资,但担心线下投资存在法律风险,仅需要在平台上走个手续流程,此类项目符合平台上线要求。

（5）询问项目方可用资源及宣传推广

通过上述步骤分析判断之后,还需要通过电话的方式与项目方进行沟通,询问项目方是否可以自主完成对项目的前期宣传推广,是否具有线下资源等,同时,还要提前告知项目方一旦项目上线,必须积极配合平台,做好宣传推广和调动一切可以利用的资源。

（6）告知平台收费标准

一旦项目在平台上线融资成功后,平台将收 5% 的佣金。如果融资金额超过 1000 万,经公司领导审核批准,佣金比例将适度降低。

众筹网股权众筹业务流程

一、业务流程示意图

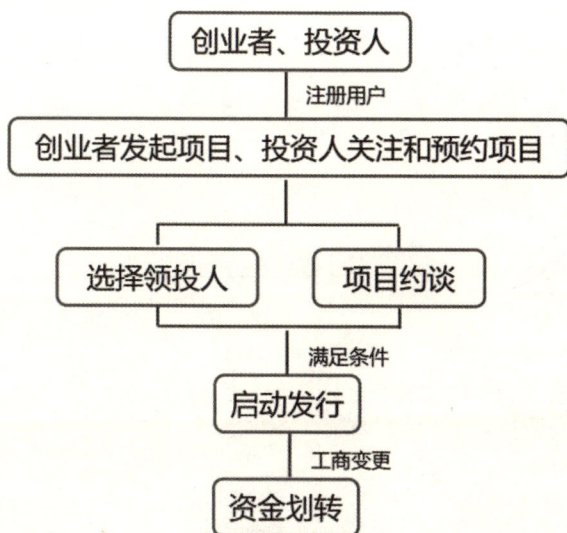

创业者、投资人
│ 注册用户
创业者发起项目、投资人关注和预约项目
│
选择领投人　　项目约谈
│ 满足条件
启动发行
│ 工商变更
资金划转

二、平台业务流程

1. 注册

　　成功注册成为平台用户后,用户可以对上线项目进行浏览,并对感兴趣的项目进行关注、预约投资,并可以申请成为某项目的领投人。具体信息如下:

(1)创业者业务指南 http://www.yuanshihui.com/guide/entre

(2)投资人投资指南 http://www.yuanshihui.com/guide/investor

(3)领投人业务指南 http://www.yuanshihui.com/guide/invest

(4)邀请码业务指南 http://www.yuanshihui.com/guide/code

(5)关于保证金业务指南 http://www.yuanshihui.com/guide/secri

2. 实名认证

3. 发起项目

商业计划   — 收起

上传商业计划书   [+]   * 文件大小请勿超过40MB
                         下载商业计划书模板   ⊚

项目视频介绍   [   ]   ⊚

用户需求 *   [请简要说明用户定位及其需求   ]   ⊚

解决方案 *   [请详细描述您的项目如何解决以上需求   ]   ⊚

方案优势 *   [请详细描述您的竞争优势/壁垒   ]   ⊚

需求场景   [详细描述您的项目的需求场景   ]   ⊚

市场分析   [简要描述对市场的分析   ]   ⊚

发展规划   [项目的短期目标（6-12个月）及实现计划   ]   ⊚

盈利模式   — 收起

收入来源 *   [怎么赚钱？   ]

成本构成   请填写一年内的成本构成
          [主要成本和费用   ] [金额   万元]
                                                        删除
          [主要成本和费用   ] [金额   万元]
                                                        删除
          [主要成本和费用   ] [金额   万元]

          增加一行

财务数据   本年度初至今(2015)   上一年度(2014)   再上一年度(2013)
      营业收入 [请输入金额万元]   [请输入金额万元]   [请输入金额万元]
      毛利润   [请输入金额万元]   [请输入金额万元]   [请输入金额万元]
      净利润   [请输入金额万元]   [请输入金额万元]   [请输入金额万元]

盈利预测   本年度(2015)   下一年度(2016)   再下一年度(2017)
      营业收入 [请输入金额万元]   [请输入金额万元]   [请输入金额万元]

团队成员   — 收起

*第一个团队成员默认是核心创始人。创始人信息为必填项。

上传头像 *   [+]   * 文件大小请勿超过8MB

真实姓名 *   [   ]   ⊚

职位 *   [   ]   ⊚

所在城市   [请选择省 ▼] [请选择城 ▼]

教育经历   专业名称 [   ]
                学校名称 [   ]
                就读时间 [201' ▼] [1月 ▼] - [201' ▼] [1月 ▼]
                学历   [博士 ▼]

          增加一行

工作经历   公司名称 [   ]
                职位名称 [   ]
                工作地点 [   ]
                工作时间 [201' ▼] [1月 ▼] - [201' ▼] [1月 ▼]
                工作职责 [   ]

这个过程中，一个重要的选项是"是否允许超募"。如果不允许超募，则在认购超出预期的情况下，项目方需要通过提高投资门槛等方式减少投资人，使得最终融资额和投资额一致。如果是允许超募，则需要在最终签署的投资内，对超出的投资金额给予对应的股权和其他权责。

4. 项目审核 & 上线

5. 预约投资项目

（1）预约投资

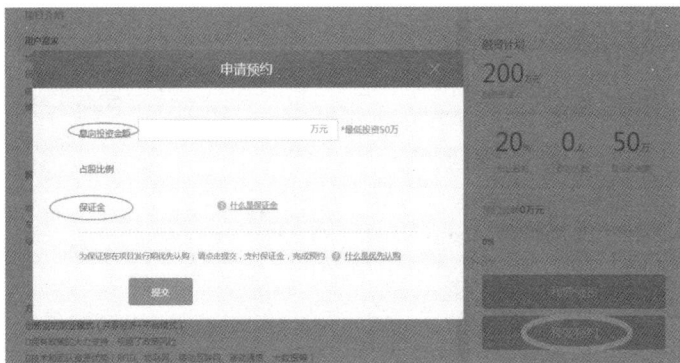

不同于奖励式众筹的直接付款,在股权众筹投资时,投资人并非直接把投资款立即支付,而是首先"预约投资"。

在预约的时候,需要缴纳保证金。

保证金是投资人在预约融资项目股权时按照平台的要求缴纳的认购意向保证金。保证金的基本计算公式为每笔认购意向金额的百分之一。当单笔认购意向金额大于或等于 500 万元时,保证金金额统一为 5 万元。

预约阶段成功支付保证金的投资人,在项目进入发行阶段时拥有 7 天的优先认购权,来完成该项目的首单认购。首单认购金额不得大于预约的投资意向金额。

投资人在参与预约融资项目股权时,按照每笔认购意向金额的百分之一缴纳保证金,通过平台冻结在第三方托管账户中。当项目进入发行阶段时,投资人按照不高于预约金额进行认购支付,支付时将从中扣除已支付的保证金。

若投资人不存在放弃认购等违约行为,但最终众筹失败,保证金将解冻并退还给该投资人。

通过平台合格认证的投资人可以申请成为项目的领投人。领投人对一个融资项目的认购金额通常应不低于该融资项目目标募集金额的百分之二十。在申请成为领投人时,需支付意向投资额的百分之十作为领投人保证金。

提交领投申请未通过后,领投订单将自动变为普通预约订单。当项目进入发行阶段时,投资人按照不高于预约金额进行认购支付,支付时将从中扣除已支付的保证金。

订单中心中有一次及一次以上成功支付认购订单的投资人,预约时可免除保证金。

如果产生放弃认购等违约行为,投资人的免除保证金资格将取消。

（2）申请领投人

在项目发行前用户可申请成为项目领投人,能否成为领投人由项目方选择和确认。

在成功申请领投人之后,领投人可与项目方先行建立联系,从而进行项目分析、尽职调查等。领投人应在线上跟其他投资人分享项目分析和尽职调查结论,帮助其他投资人更好地了解项目的风险与前景,同时帮助项目方完成融资。在完成项目融资之后负责投后管理和维护投资人关系的工作。为便于投后管理,部分投资人数量较多的项目需要先成立有限合伙企业,再以有限合伙企业作为主体持股标的项目,在此情况下,领投人需要负责办理成立有限合伙企业所需的各项手续。

领投人需要跟项目方确认发行方案与相关协议,在项目正式发行时领投人需要在三个工作日之内先行打款,随后其他投资人打款。

原则上,一个项目可以有多名领投人,具体数目由项目方决定,但原始会建议项目方仅确认一位领投人。

领投人的回报:其他投资人用户(即跟投人)认购额的 1%~2% 作为管理服务费,以及分享跟投人本轮投资收益的 20%(含分红收益及股权转让收益,行话叫 Carry)。

三、建立项目约谈群

根据平台的相关流程规定,线上项目关注人数大于等于 5 人后,平台将组织项目方建微信约谈群,有平台的工作人员将对投资人进行电话确认,如果确认成功后,将会拉进项目约谈群,在约谈过程中,如果条件具备,可通过电话会议或线下路演等方式促进投融资双方深度沟通。然后,根据约谈结果,项目方在平台协助下确认投资人实际投资意向及诉求,拟定投资协议条款及发行方案。

四、启动发行

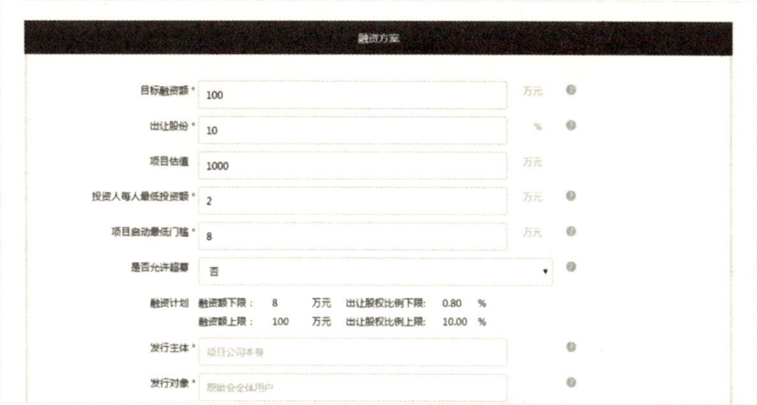
融资方案
目标融资额 *
100
万元
出让股份 *
10
%
项目估值
1000
万元
投资人每人最低投资额 *
2
万元
项目启动最低门槛 *
8
万元
是否允许超募
否
融资计划
融资额下限：
8
万元
出让股权比例下限:
0.80
%
融资额上限：
100
万元
出让股权比例上限:
10.00
%
发行主体 *
项目公司本身
发行对象 *
原始会全体用户

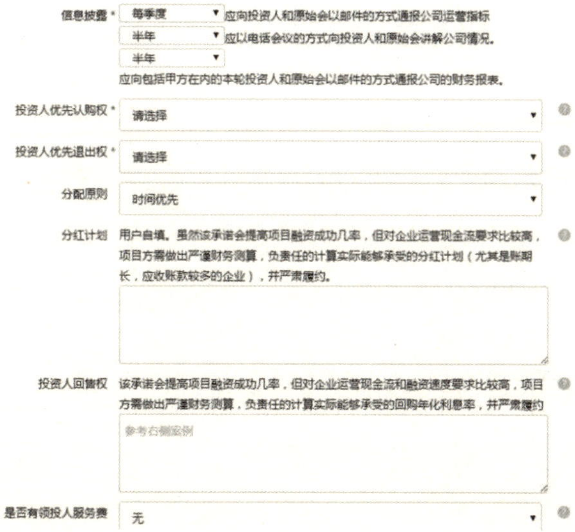
信息披露 *
每季度
应向投资人和原始会以邮件的方式通报公司运营指标
半年
应以电话会议的方式向投资人和原始会讲解公司情况。
半年
应向包括甲方在内的本轮投资人和原始会以邮件的方式通报公司的财务报表。
投资人优先认购权 *
请选择
投资人优先退出权 *
请选择
分配原则
时间优先
分红计划
用户自填。虽然该承诺会提高项目融资成功几率，但对企业运营现金流要求比较高，项目方需做出严谨财务测算，负责任的计算实际能够承受的分红计划（尤其是账期长，应收账款较多的企业），并严肃履约。
投资人回售权
该承诺会提高项目融资成功几率，但对企业运营现金流和融资速度要求比较高，项目方需做出严谨财务测算，负责任的计算实际能够承受的回购年化利息率，并严肃履约
参考右侧案例
是否有领投人服务费
无

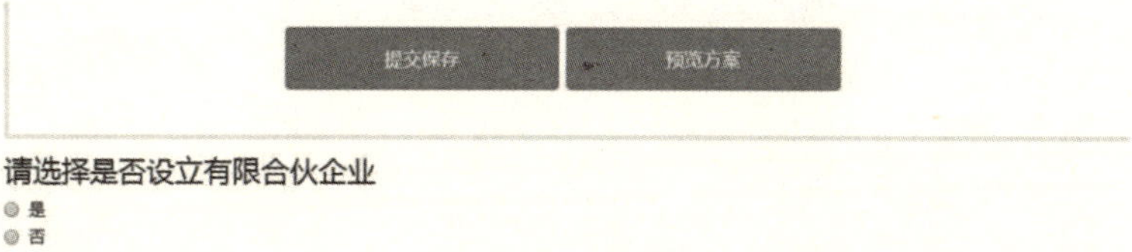
提交保存
预览方案
请选择是否设立有限合伙企业
是
否

五、协议选择

（1）选择成立有限合伙企业

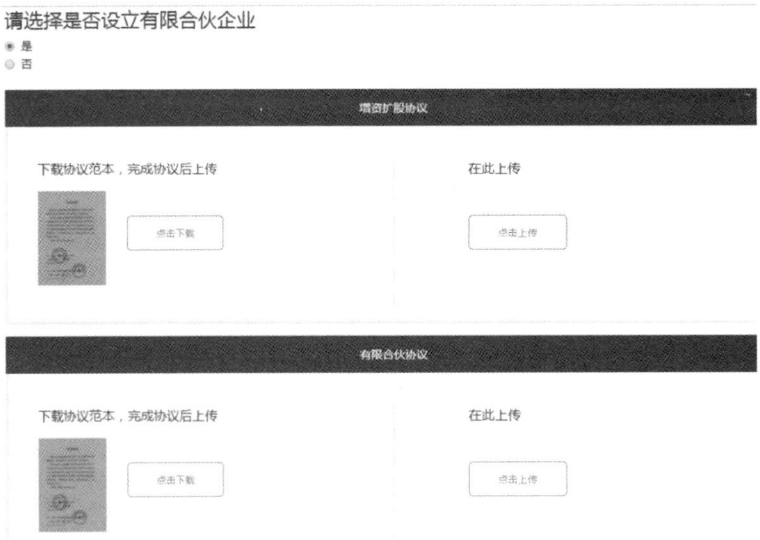

（2）不成立有限合伙企业

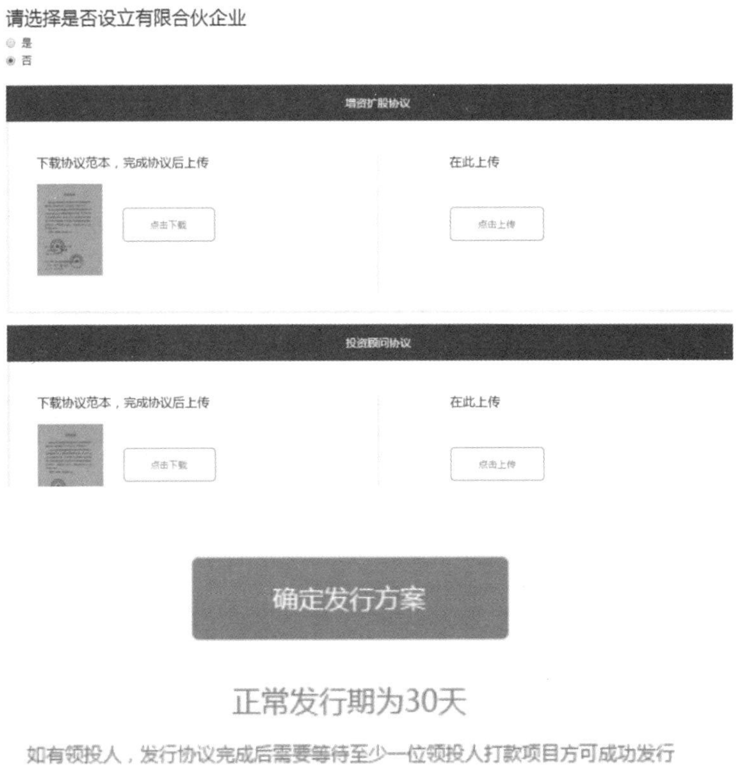

有限合伙企业由普通合伙人和有限合伙人组成,普通合伙人对合伙企业债务承担无限连带责任,有限合伙人以其认缴的出资额为限对合伙企业债务承担责任。

有限合伙企业实现了企业管理权和出资权的分离,可以结合企业管理方和资金方的优势,因而是国外私募基金的主要组织形式,我们耳熟能详的黑石集团、红杉资本都是合伙制企业。

2007年6月1日,中国《合伙企业法》正式施行,青岛崴尔、南海创投等股权投资类有限合伙企业陆续成立,为中国私募基金和股权投资基金发展掀开了新的篇章。

《合伙企业法》第二条第三款规定:"有限合伙企业是由普通合伙人和有限合伙人组成,普通合伙人对合伙企业的债务承担无限连带责任,有限合伙人以其认缴的出资额为限对合伙企业债务承担责任。"该种合伙企业不同于普通合伙企业,由普通合伙人与有限合伙人组成,前者负责合伙的经营管理,并对合伙债务承担无限连带责任,后者不执行合伙事务,仅以其出资额为限对合伙债务承担有限责任。相对于普通合伙企业,有限合伙企业允许投资者以承担有限责任的方式参加合伙成为有限合伙人,有利于刺激投资者的积极性。并且,可以使资本与智力实现有效的结合,即拥有财力的人作为有限合伙人,拥有专业知识和技能的人作为普通合伙人,这样使资源得到整合,对市场经济的发展起到积极的促进作用。

设立有限合伙企业,应当具备下列条件:

(一)有限合伙企业由两个以上五十个以下合伙人设立,但是,法律另有规定的除外;

(二)有限合伙企业至少应当有一个普通合伙人;

(三)有限合伙企业名称中应当标明"有限合伙"字样;

(四)有限合伙人可以用货币、实物、知识产权、土地使用权或者其他财产权利作价出资;

(五)有限合伙人不得以劳务出资;

（六）有限合伙人应当按照合伙协议的约定按期足额缴纳出资；未按期足额缴纳的,应当承担补缴义务,并对其他合伙人承担违约责任；

（七）有限合伙企业登记事项中应当载明有限合伙人的姓名或者名称及认缴的出资数额；

（八）有限合伙企业由普通合伙人执行合伙事务,执行事务合伙人可以要求在合伙协议中确定执行事务的报酬及报酬提取方式；

（九）有限合伙人不执行合伙事务,不得对外代表有限合伙企业。

六、项目打款

当项目启动发行后,就进入投资人打款阶段,投资人可通过原始会平台进行线上打款。资金在原始会合作的第三方支付机构的资金与项目账户托管。若项目有领投人,则领投人于项目确认发行后三个工作日之内先行打款,打款金额不低于项目融资总额的5%；跟投人线上支付的款项中应包含支付给领投人的投资顾问费（跟投人认购额1%~2%）,具体截图如下：

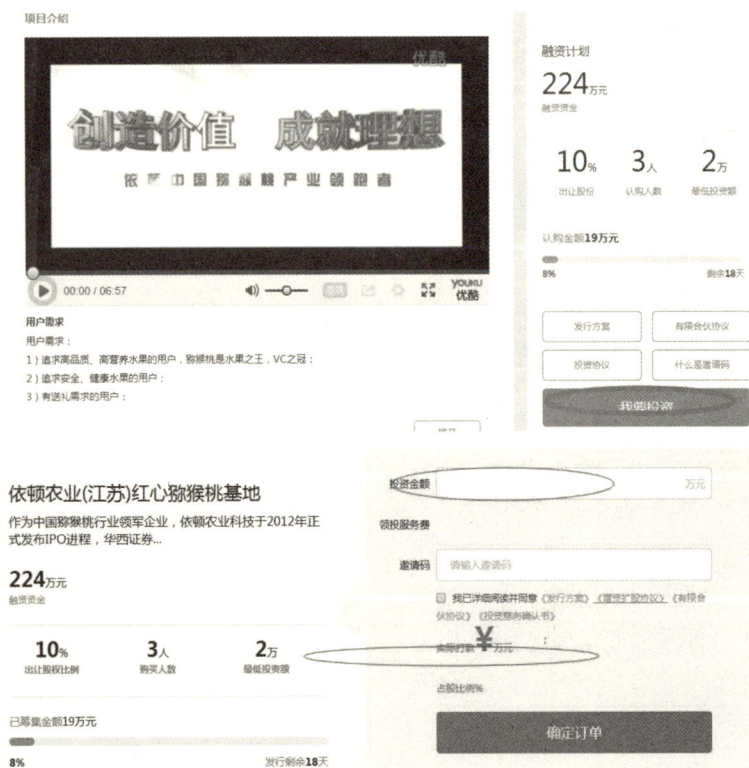

七、项目协议签署

当项目封闭后,就进入项目协议签署阶段,协议签署阶段,将涉及项目方和投资人等相关资料的准备。具体如下:

(1)项目需准备资料

1. 项目方营业执照复印件(如融资主体已注册);

2. 经营场所现场拍照;

3. 主要发起人身份证;

4. 经营租赁协议或房产证(仅消费生活类提供);

5. 尽调报告;

6. 经营活动所需的资质证照或相关部门的批文复印件。

(2)投资经理或项目经理(地方站)或领投人协调事宜如下:

1. 根据发行结果准备相关协议(增资扩股协议、合资协议、有限合伙协议、投资顾问协议等);

2. 通知投资人线下签署相关协议,投资人署名后连同本人的身份证复印件寄给负责人;

3. 负责人将所有投资人签署的协议、身份证(扫描件)提交风控审批,通过审批后负责人方可将相关资料邮寄给项目方盖章、签字;

4. 办理工商变更所需的其他文件,由负责人协调项目方咨询当地工商部门,如公司章程、股东决议等;

5.项目方准备好相关文件后前往工商局办理工商注册或工商变更手续。

八、资金拨付

当项目方和投资方相关协议都签署完毕之后,也得到原始会平台风控部门的备案和审核通过后,将进入资金的拨付阶段。资金拨付之前,项目方或投资经理需要注意事项如下:

1. 付款金额应为投资人打款金额扣除原始会佣金,由投资经理或项目经理提出付款申请,应附上各方签署的相关协议(扫描件)完整版,包括但不限于《增资扩股协议》或《合资协议》、《投资顾问协议》、《有限合伙协议》、工商变更后的《企业法人营业执照》复印件、反映本次增资后股东实际持股情况的股东出资证明书、反应投资协议内容的新版公司章程;

2. 如有后续投资款拨付,应按照投资协议约定的资金使用计划拨付。

商业计划书案例

武汉 XXXX 草莓项目商业计划书

& 企业简介

公司起源于 2007 年,专注于草莓脱毒种苗繁育、鲜果销售,物流、加工,鲜果采摘、休闲、养生、观光于一体。2013 年主导成立武汉 XXXX 草莓专业合作社,专注于草莓种植示范,新技术、新设备推广应用;武汉市 XXXX 产业协会,专注于莓农的组织、引导,合法权益的保护。公司及合作社建有规范化、标准化的草莓种植生产基地,连片面积达到 15000 亩。鲜果产值超过 4 亿元(含莓农自营收入),通过采取"农户 + 合作社 + 莓协会 + 公司"的创新模式,创造了农户(土地)、合作社(示范技术)、协会(莓农)、公司(销售、物流、深加工)四方共赢、健康和谐发展的局面。

& 产品介绍

"XXXX 金秋"、"XXXX 娇莓"品牌鲜果,遍布于黄陂 10 大景区的 10 家采摘观光养生园。

"XXXX 金莓"系列深加工产品(酒类、烘焙、冰淇淋、果汁、蜜饯、草莓干等）及连锁销售。

三位一体独特的线上线下销售服务，自有占地50亩一站式的物流平台，让生产和销售、采摘及观光无缝对接。药食同源，深加工系列产品及服务遵循营养、健康、养生、美容功效原则，提升大众生活品质。

& 团队介绍

创始人－江X

（略）

核心成员

（略）

& 核心优势

1. 从脱毒种苗入手，严格遵循无公害、绿色、有机种植标准，确保鲜果品质，领先于全国的同时，也从源头保证了草莓系列深加工产品的基本品质。

2. 引导莓农科学种植，团购农资，降低成本，提高效益，逐步增加种植面积，确保加工所需尾果供应。

3. 代工入手，自建加工产业园为目的，与国内外著名机构，知名企业合作，加工生产的系列产品，科技、时尚、高品质、大众化，唱响草莓深加工系列产品"木兰娇莓、木兰金莓"品牌。

4. 依托黄陂区内9家4A景区，一家5A景区，以草莓为载体，建设10家采摘、休闲、养生产业园，农事体验、旅游、观光、产品销售融为一体，立体互动。

5. 鲜果，系列深加工产品线下与百果园、沃尔玛、家乐福、中百、武商、华润多家深度合作，线上建起电商、微商平台，与自有连锁直营体验店良性互动，使销售实现年度倍增。

6. 2016年完成国内创业板上市准备。

& 技术优势

与国内华中农大、中国农科院等多家科研单位建立的良好合作关系，完善了草莓种植技术体系及管理体系建设,拥有了成熟的种植经验。从土壤改良到大棚建设,草莓专用大棚膜、地膜、草莓专用生物有机肥及草莓专用生物制剂的研发、生产等、既降低了种植成本,也确保了草莓的品质,领先于同行。

依托台湾大湖地区农会及国内研发机构、企业自身技术力量,采用先进的工艺技术研发出草莓系列 200 余种休闲、养生、健康食品,具有工艺的先进性,生产的独创性,质量的可靠性等特点,系国内采摘系列深加工产品的领跑者。

&市场需求与竞争分析

(1)市场需求分析

草莓——"水果皇后",公认的健康、营养、养生、美容果品;

鲜果:白领,中高端消费群体,供不应求;采摘,观光体验,助推效益提升。

尾果:产量大,品质优,价格低,用做深加工系列产品,填补国内空白,丰富民众生活,提升生活品质;草莓冻干出口创汇,前景广阔。

(2)市场竞争分析

公司专业致力于草莓的产业化发展,引领合作社、协会 1000 余户成员、社员,唱响"三品一标"、莓产业"XX 金秋"、"XX 金莓"、"XX 娇莓"品牌。以其绿色、有机的健康理念和甘甜爽口的质感获得了消费者一致推崇。引进优良品种,不带病虫害,适应性强,生长旺盛,丰产性好,木兰山下独有的黑色土壤优势,鲜草莓上市期均提前 40 天左右,草莓鲜果占尽市场先机。

目前国内草莓需求多以鲜食消费为主,尚无成熟系列深加工基地,公司与台湾大湖地区(草莓产业国际领先)及华中农大、中国农科院等有效合作,将在未来两年内填补草莓产业系列深加工品牌空白,预期有望发展成为国内首家草莓鲜果、深加工系列产品龙头企业,第一品牌企业。

& 市场规模及前景

鲜果：种植面积每年以30%以上幅度递增，中国已成为仅次于美国的第二大草莓鲜果生产国，但亩产效益仅美国、日本的五分之一，科技的引领，将使品质、产量、效益得到较大提升，提升空间巨大。

加工产品：处于初始阶段，国内健康、养生、美容生活方式的形成，对于草莓深加工系列产品的需求，将造就巨大的市场，国外例如日本、韩国、欧盟等种植面积有限，对于半成品草莓冻干的需求量只增不减，出口冻干果亦是巨大的市场。

& 商业模式

项目部模式管理，单独核算。

种植事业部：合作社（种苗、种植）

深加工事业部：公司（系列深加工产品）

营销事业部：公司（线上、线下销售，平台整合）

产地物流中心：鲜果销售物流

养生园：农业观光、旅游、采摘、休闲

& 盈利模式

收入来源：

1. 脱毒种苗销售，年200万株，150万元。

2. 农资（管，棚，膜，喷滴灌，肥，制剂，团购，零售）年3000万元。

3. 鲜果统购统销，物流，年19000万元。

4. 尾果收购，冻果销售，年1000万元。

5. 深加工系列产品销售2000万元以上。

6. 采摘体验、观光园1000万元。

7. 年度经营收入26150万元。

成本构成：

1. 人力成本200万元。

2. 育苗成本100万元。

3. 农资采购成本 2700 万元。

4. 鲜果采购成本 18000 万元。

5. 尾果收购成本 700 万元。

6. 深加工系列生产原料成本及销售 1500 万元。

合计 2015 年度成本 23200 万元。

财务数据

财务数据	过去三年财务数据（单位：万元人民币）			未来三年财务预测（单位：万元人民币）		
年 度	2012 年	2013 年	2014 年	2015 年	2016 年	2017 年
营业收入	1100	1700	2800	26150	32000	38000
毛利润	20%（200）	20%（340）	20%（560）	11%（2950）	11%（3520）	11%（4180）
净利润	15%（150）	15%（260）	15%（420）	8%（2092）	8%（2560）	8%（3040）

未来规划（2015）

3 月份：鲜果销售，莓产业文化园策划书报批。

4 月份：尾果收购，冷藏，脱毒苗定植、维护。

5 月份：初步确定深加工系列产品品种，确定配方，工艺。

6 月份：加工系列产品的市场调查，定向，成本测算，代工厂落实。

7 月份：种植基地整理，加工系列产品的线上线下布局。

8 月份：完成脱毒种苗销售，工业用地挂牌，种植基地定植，养生观光园建设。

9 月份：深加工系列产品样品品鉴。

10~12 月份：鲜果销售，物流启动，深加工产品上柜，开辟线上渠道销售，第二届草莓文化节举办，深加工产品造势推广，采摘、休闲、养生观光园开园。

& 融资需求

融资金额 500 万元、股权质押融资，拿出 10% 的股份作为质押。年化 12% 直接回报，按每季度 1% 的方式逐月支付，再根据年度收益进行另外分红。

收益详解

1. 出让股权的收益权(等于股权质押),进行众筹;

2. 年化固定分红收益不低于 12%:按月分红,每月固定分红 1%,一年 12 个月,即 12% 年化收益;

3. 每年浮动分红收益预计 6%;投资时间每满一年进行一次利润分配,投资木兰金秋净利润的 20% 进行浮动收益分配;如果净利润不超过 20%,将不给予浮动分红收益分配;

4. 投资满一年的,中途允许投资人退出,在提出申请退出之后 3 个月内清算本息(活期利息);

5. 允许大额投资人在投资满 6 个月后提出转股,实际进入加盟木兰金秋工商股份;

6. 武汉汉尊假日大酒店有限公司负责担保。

备注:实际浮动分红收益以当年净利润为准,但年化固定分红收益 12% 可以保证。

& 风险控制

种植风险:主要是气候因素,草莓种植最忌阴雨无阳光照射,坐果季 6 个月中如出现超过 60 天以上无阳光日,则产量会下降,不易储藏,物流要求较高。

深加工产品风险:同类型产品的竞争,如苹果、葡萄等。

第五节 众筹产业生态圈初探

对于初次接触众筹行业的公众,很难分清楚"奖励众筹"和"电子商务"(包括团购和预售)的差异。但是对于平台的运营方,众筹网完全明白这之间的逻辑的差异。

对于京东网或者天猫,它的前提是默认你已经有了成熟的产品,而它所需要的是:对接你的客户,完成交易(收款和发货)。足够多的客户订单、最低的交易成本和最快的交付时间,是它提供给商户的核心价值。

你一定无法想象一个用户在京东或者当当买一本书,然后等着 60 天后拿到、但这是众筹网站的基本常态。

所以，如果你的商品在电子商务网站上市之后，只卖掉了 200 份，你的公司可以考虑裁员转型的日期了。但是如果是在众筹网上，恭喜你获得了 200 个初始铁杆用户，他们将协助你的商品研发，推动你的公司走向成功。

众筹网上的项目何以在没有实物的情况下，就可以获得这些初始用户的青睐？是因为每个筹资活动，归根结底算是一次市场营销行为，因为其过程涵盖了媒体曝光、获取顾客以及市场验证等多个环节。这也是为何市场营销在众筹行业显得尤为重要的原因。

通过前文所述，我们知道一个众筹项目的成功，有创意仅仅是万里长征的第一步，更复杂的系统在于随后开展的一系列营销行为。这些行为贯穿了从文案设计、图片拍摄、视频制作到后期的营销推广、粉丝互动。这完全就是一个庞大商业帝国的全部。

但实际的情况却是——要想实现这些系统功能，绝非一个人或者一个团队可以完成。

每一个江湖，都会有老大和他的兄弟们。创新的平台之外，都会围绕诞生出支持附属行业。eBay 网站上有一块专门的区域来展示其生态系统中的合作伙伴，国内的企业很少这么做，但是关于"刷信用"、"淘女郎"这样的词汇早就是行业术语了。现在成立专门的众筹项目发起人服务商，也许还为时尚早。但是，你想想，你每天只能在京东或者天猫上去买"物美价廉的新东西"，或者去淘宝买"赌人品的便宜货"，而在众筹网上可以去获得"未来的商品"，这不是一种人生的美妙么？

众筹项目普遍体量很小，经验缺乏，资源有限。这也说明他们是最需要获得专业第三方服务的——只要你愿意接受按筹资比例支付费用。

这些非常小众的需求，不会被大的服务商注意到，肯定是适合小团队甚至专业的个人服务来满足。

在蓝色光标上市之前，公众看到的只是他的客户联想集团的辉煌。这家主要服务于国内 IT 企业和汽车企业的公关公司，受益于新媒体产业的突然爆发,总市值已达 235 亿元人民币。

在众筹行业,一个新兴的产业生态圈也正在形成。

目前,众筹网正在全国招募地市级的众筹服务合作机构。

综合众筹服务

最后我们要关注的就是现在一个新的产业,叫做众筹服务业。

电子商务崛起以后,围绕淘宝产生了庞大的电商服务业,比如刷单、比如淘女郎、比如代运营,最大的服务业就是快递。

众筹同样如此。奖励式众筹需要写文案、拍照片、拍视频、做推广;股权众筹需要评估价值、撰写商业计划书、路演、法律合规等等,这些都需要有专门的人长期为客户运营。

更重要的是,对于众筹项目,往往会有综合需求,既需要有公益或者奖励众筹来宣扬品牌,又需要股权众筹来融资和建立资源,还有可能需要发债以减少股份稀释。这就需要项目设计者有综合设计的能力。

医生、理发师、厨师、律师等等,都因为做过的案例越多,专业度就越强。众筹服务业则会产生一个新职业“众筹经纪师”,专门为客户设计众筹方案,并提供专业服务。

目前众筹网众筹大学已经开设“众筹经纪师千人计划”,为国内培养上千名专业服务者。5 月 30 日,河南省黄河科技学院已经首先挂牌成为“众筹教育培训(河南)基地”。

读者可以扫描关注我的公众号,获取更多众筹的信息。

都市部落 张栋伟的公众号

第三章　营销推广

消费者行为模型

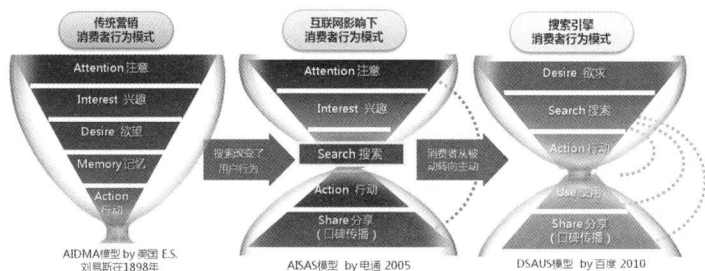

互联网影响下消费者将聚合在搜索引擎，获取所需。随着搜索引擎的不断发展和完善，越来越多的消费者习惯使用，且精于使用搜索引擎，越来越多的消费者会在购买后产生的使用行为过程中再次反复论证评估，得以对进一步购买产生影响。

互联网社交化的特点，则使得购买行为完成之后，自然形成口碑分享。无论是快乐感受还是痛苦感受，用户都乐于分享。

因此,对于可以影响到搜索引擎结果的行为,可以构成口碑传播的行为,都将是营销取胜的关键点。

准备工作

在营销项目之前,你需要对你的项目作出详细的了解。

内功:

1)分析你的受众

2)项目措辞及关键词(wording)

3)项目分期设置

4)项目包装

做好众筹项目的"内功",有助于对你的项目作出详细的了解,才能使接下来的营销方法有的放矢。

第一、分析你的受众

受众分析的常用工具

实操型:借助平台大数据工具直接挖掘受众特征

百度指数:index.baidu.com

淘宝指数:shu.taobao.com

行业型:借助行业资讯平台信息辅助判断行业走势

艾瑞咨询:www.iresearch.cn

梅花网:www.meihua.info

基于百度搜索大数据可以很好地分析：

（1）项目关键词的检索情况

（2）项目的受众人群

（3）项目关注人群的地理位置

（4）项目相关新闻的媒体情况

比如：

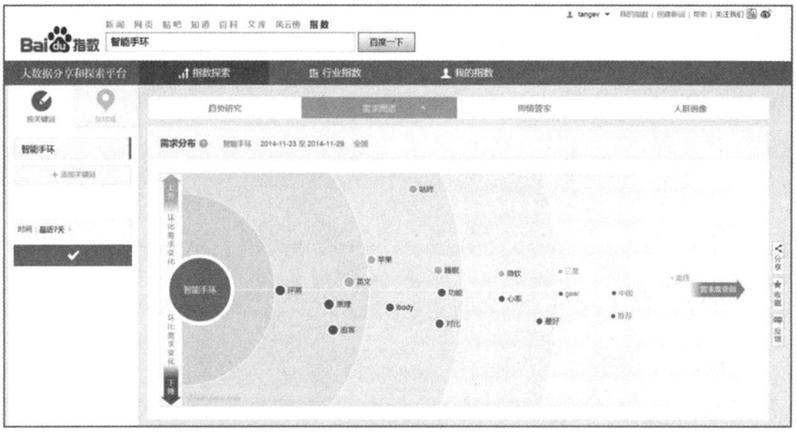

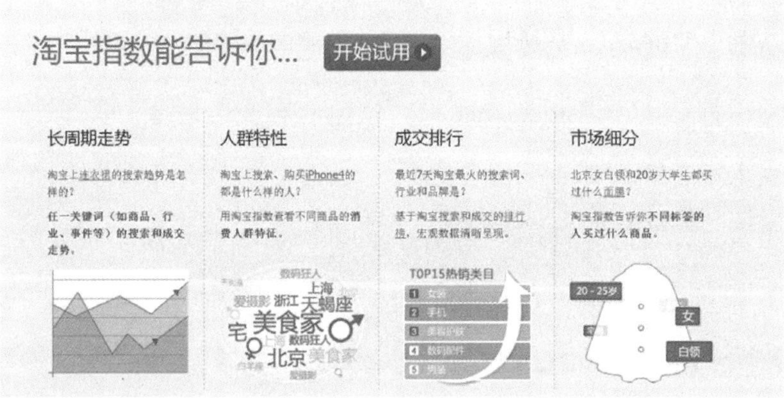

基于淘宝大数据可以很好地分析：

项目相关产品的

（1）市场表现

（2）销售表现

（3）售卖人群特征

例如：

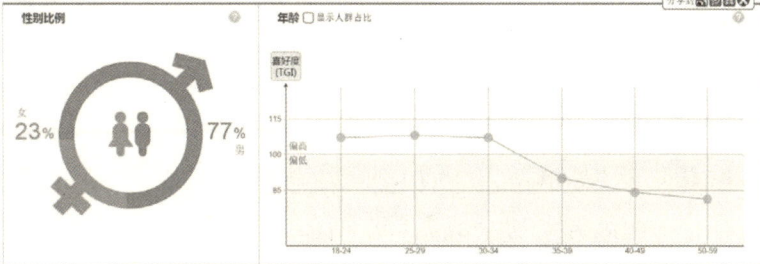

第二、准备项目措辞和关键词（Wording）

项目内容打磨表现在：

1. 项目标题的设计

2. 项目关键词设置

3. 项目行文中措辞及关键词的重复度

4. 项目故事的可读性

5. 回报设置的可读性

2014 年 3 月 20 日, 艺术家何成瑶在众筹网平台正式启动她的最新行为艺术——"出售我的 100 小时", 2000 元一小时。在这个计划中, 何成瑶规定: 当网友众筹总额达到 50 个小时以上, 她将在网友指定购买的时间段里, 一秒钟记录下一个点, 以这些点画出一幅"时光秒轮图"样式的观念作品, 作为给予网友购买她的时间的回报, 最多销售 100 个小时。此举在国内艺术界属于首创。

3 月 22 日下午 4 点 10 分, 当支持累计金额定格在 20 万这个数字, 宣告艺术家何成瑶"卖时间"众筹阶段圆满成功。

不到 3 天时间, 以 2000 元一小时的价格售出 100 个小时, 何成瑶此举也开创了国内艺术类众筹速度的记录。何成瑶介绍, "出售我的 100 个小时"是她利用互联网平台进行的最新行为艺术, 在国内艺术界属于首创。"这次艺术创作, 最终将由我和所有的众筹参与者一起完成。"何成瑶的成功, 也引发了业界对艺术家创作与藏家、受众互动新模式的探讨和热议。

何成瑶说, 她把此次创作过程当做是自己的一次"闭关禅修", 希望通过这个过程, 在安静和静谧之中去感受"时间""生命"以及"禅"的真谛; 同时也希望通过这次艺术创作行为, 可以倡导每一个人去珍惜每一秒时间, 珍爱自己的生命。

3 月 20 日启动当天, 不到 8 小时, 何成瑶就众筹到 12 万余元, 远超50 个小时 10 万元的最低额度。购买了何成瑶"1 小时"的买家小鱼 (化名) 表示, 之所以购买, 首先是觉得何老师的这个行为艺术的主题寓意好, 形式也很新颖、有意思, "我很愿意成为这个艺术事件的参与者, 我也很看好何老师的这次创作。"

对于这次众筹成功作何感想? 何成瑶表示, 这个众筹速度并未出乎她的意料, "从艺术品的价值来说, 这个价值相当便宜。"何成瑶说, 这个事件的成功, 打破了以往"艺术家创作藏家购买"的传统模式, 意味着藏家完全可以提前介入艺术家的艺术创作。"在我的这个行为艺术里,藏家不再是观望者,他本身也是参与者,由我们一起完成了整个行为艺术作品。"

该项目在设计上,非常值得借鉴:

《"生命每一秒——出售我的 100 小时"艺术众筹计划》

http://www.zhongchou.cn/deal-show/id-4530

文案要点:图文兼备,视频是亮点。该项目 10 个小时募集达标,24 小时内整个项目募资完成,没有了可募的名额,提前结束。

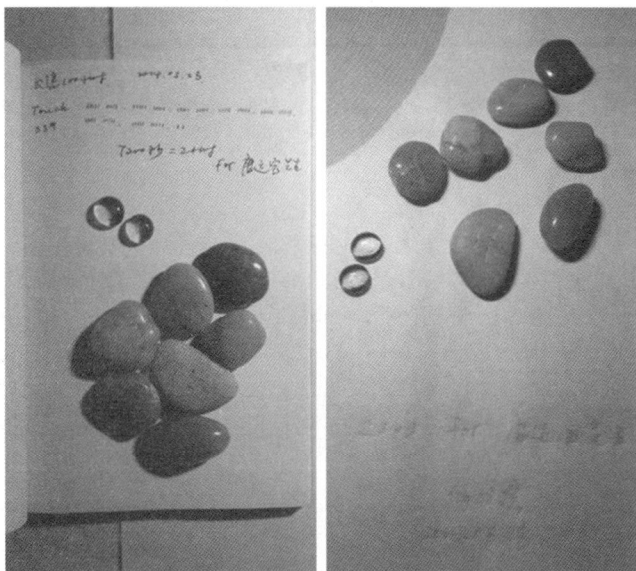

自 2014 年 3 月 25 日晚 9 点 39 分起,何成瑶正式开始绘制她为"生命每一秒"计划的第一幅时光观念作品。在 22 日成功众筹 100 小时后,艺术家何成瑶便紧接着开始准备绘画所需的材料和工具,一盏台灯、一只小闹钟、几颗玻璃珠、一些鹅卵石、一本本子、一张宣纸、一只马克笔,所有的这些就是这次创作所需全部工具和材料。从这些极简化的创作工具和材料中,我们也可以看出"禅的意境"已经透过她创作中的每一个细节体现出来,每一笔、每一个动作,都是一次对自己的"禅修"。

　　在作品创作过程中,记录是一项重要且具有意义的工作,她向我们介绍说,"昨晚的第一幅作品是始于 21 时 39 分,结束于 23 时 43 分,中途除了喝水,两个小时没有休息过,其中的误差时间是中途记录秒数的时间。"由此可见,何成瑶对于每一笔所对应的每一秒数都是力求完美,一幅作品的完成需要艺术家灌注全部的注意力和精力,一幅作品的完成也是艺术家一段生命时间最纯粹的记录。

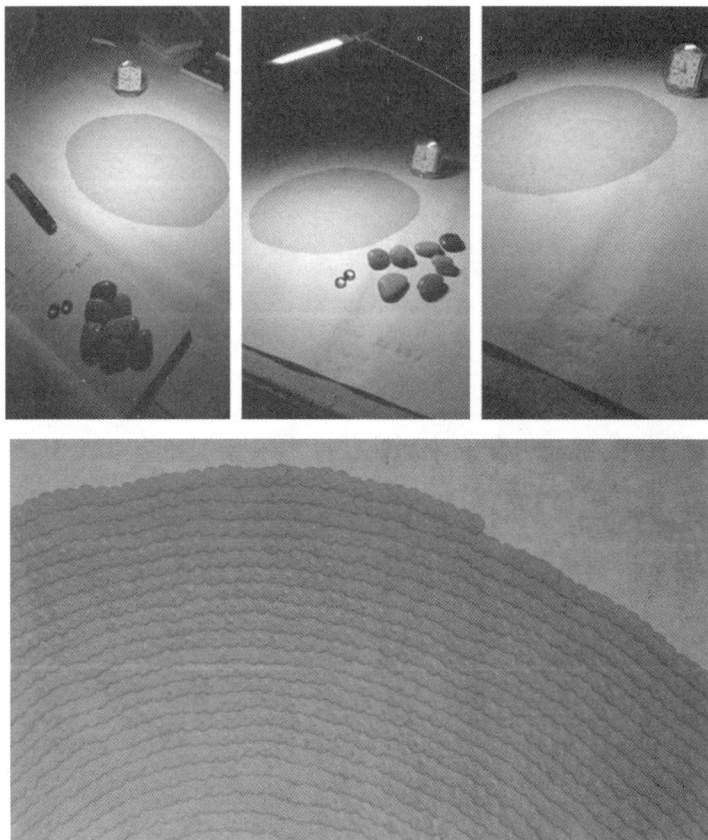

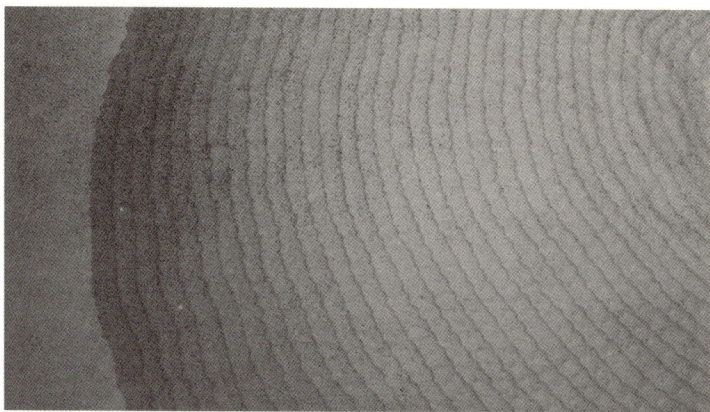

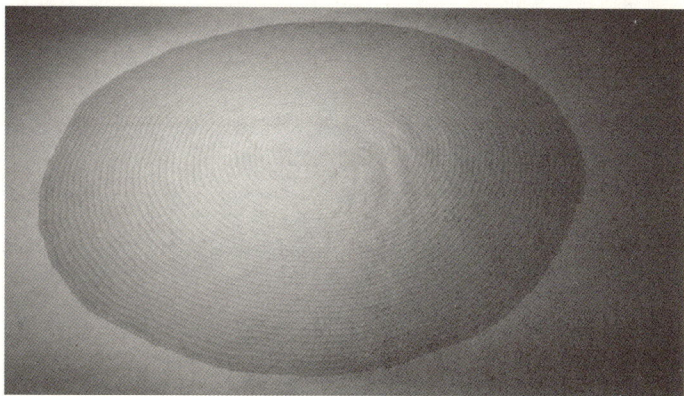

　　何成瑶谈到做完第一幅画后,她的感受是如释重负、轻松、愉快和喜悦的,马上通过自己的微信和微博跟朋友们分享她当下的体验和感受。她还描述说:"选择明黄色作为第一幅作品的颜色,主要是考虑到支持者在备注中提到的这两个小时对于他本人的非同寻常的意义,所以我希望用明黄色去诠释这一段重要且具有历史意义的时刻,对于他,对于我,都是一段历史性重要的时间。"这一互动的过程,也让我们看到了本次艺术行为区别于以往艺术创作的最大亮点,就是交互时互动式的艺术创作形式。在当今互联网时代下,或许只有这样的艺术形式才能更加真切地走进每个普通人的心里,为他们的心灵种下一颗艺术的种子。

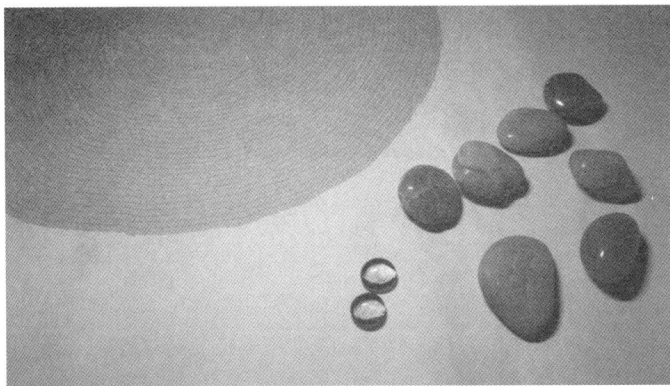

【何成瑶"生命每一秒"志愿者招募信息】

3月22日何成瑶"生命每一秒——出售我的100小时"艺术项目在众筹网上成功众筹了100个小时,获得20万元的众筹资金。

然而,对于何成瑶来说,整个艺术项目才刚刚开始。从3月25日至5月1日期间,何成瑶将进行一段长达一个月的"闭关"式创作,为47位支持者绘制100个小时的观念绘画。因为遵循本次艺术项目的契约精神,她希望,这个创作的过程可以是被记录、监督和见证的。

所以,受何老师的委托,我们希望可以招募1~5名热爱艺术、对本次项目感兴趣的志愿者,帮助完成记录艺术家创作过程、跟进发布艺术家创作情况、协助艺术家寄送作品的工作。

志愿者要求:

具有基本的视频拍摄、摄影、文案撰写能力

具有良好的沟通交流能力

尊重艺术、热爱艺术

被选中的志愿者将获得：

艺术家何成瑶亲笔签名画册一本

艺术家纪念明信片一张

拥有本次艺术行为（项目）视频和照片的版权

本次艺术项目视频和照片公开展示的志愿者姓名标注权

当然，您最大的收获，将是拥有一次无与伦比、非同寻常的艺术生命体验。

注意事项：

（1）志愿者在本次志愿活动中记录的视频和照片将无偿提供新艺经集团和艺术家本人使用。

（2）鉴于艺术家所在地为北京，目前只在北京地区进行招募，工作时间遵循志愿者的可支配时间。

（3）本次志愿者工作时间范围：2014 年 4 月 1 日 ~2014 年 5 月 5 日。

报名方式：

发送您的简历、可工作时间段以及想要参与的原因至邮箱：

xuluping@newartgroup.cn

计划起源

时间是宇宙秩序的计量。霍金在《时间简史》里告诉我们这样一个观念:"时间不能完全脱离和独立于空间,而必须和空间结合在一起形成所谓的时空的客体。"时空客体诞生的起点追本溯源估计在 100 亿到 200 亿年前。如此说来,相较于宇宙的时间维度,人类生命何其短暂! 自然在春夏秋冬、日升月落间流转,一切生命在生老病死中轮回。客观上讲,只有时间对每一个人是公平的,它让我们每个人每天都能拥有 24 小时。每一小时 60 分钟,每一分钟又由 60 秒构成,而 1 秒钟则是时间计量的最小单位。就像浩瀚大海之于一滴滴水,茫茫沙漠之于一粒粒沙子,有限的生命则由一秒钟紧接另一秒钟组成。时间似乎看不见摸不着,但恰恰是它的不可触摸承载了大千世界(无论物质或非物质的)延绵无尽的发生、演绎、流转及结果。如何记录时间? 如何记录生命? 如何凝固生命中的每一秒钟? 一秒钟能做什么?

何成瑶是谁

她是艺术家、策展人,也是老师、志愿者和禅学爱好者,但她更愿意用自然人、平常人来形容自己。

出生于上世纪 60 年代的当代艺术家何成瑶是中国当代艺术圈中为

数不多的富有力量的行为艺术家,她的行为艺术、观念摄影曾展览于中国、意大利、日本、英国、泰国、美国、加拿大、新加坡、塞尔维亚、西班牙、比利时、法国等几十个国家,是中国知名的当代女性艺术家之一。她的作品类型多为行为艺术、观念摄影与装置艺术,但是这一次的行为她将邀您一起共同完成一批最特别的以"时间"为材料,以"生命"为画笔的"此画非画"新观念绘画作品。

她要做什么

出售自己生命中的 50 个小时

艺术家将 100 小时通过在网络平台出售其中 50 个小时,根据预购者的人数和所购买的小时数,为每一位众筹者绘制一幅形似"年轮"的观念作品。

对时间进行一次记录

艺术家将对每一秒走过的时间进行记录,比如,"滴答"一声就是一秒,这一秒的时间里,艺术家只画一个点,当所有的点,也就是所有的"一秒"汇聚成了一幅画的时候,这些所有的一秒钟所聚集成的时间也就随着这个过程流逝了,也凝固了。

创作一批用"时间"完成的观念绘画

艺术家将选择宣纸和笔进行创作,将以"点"的方式进行绘制,造型形似"年轮",作品的色彩将根据艺术家创作当下的状态和心情做自由选择。例如:若遇到雾霾天或灾难性事件,艺术家选择的色彩就会比较灰暗。

一次自我的禅修

艺术家将此次创作过程当做是自己的一次"闭关禅修",希望通过这整个过程,在安静和静谧之中去感受"时间"、"生命"以及"禅"的真谛。

发起一次珍惜时间珍爱生命的倡导

艺术家希望通过这次艺术创作行为,可以倡导每一个人去珍惜时间,珍爱自己的生命,因为滴水穿石、积沙成塔,我们的生命是由可以计算出来的一秒一秒构成的,不要忽视生命中每一个一秒钟,让生命中每一秒钟都有价值。而何成瑶在做的就是用她生命中珍贵的 50 个小时来和您一起做这件有意义的事。

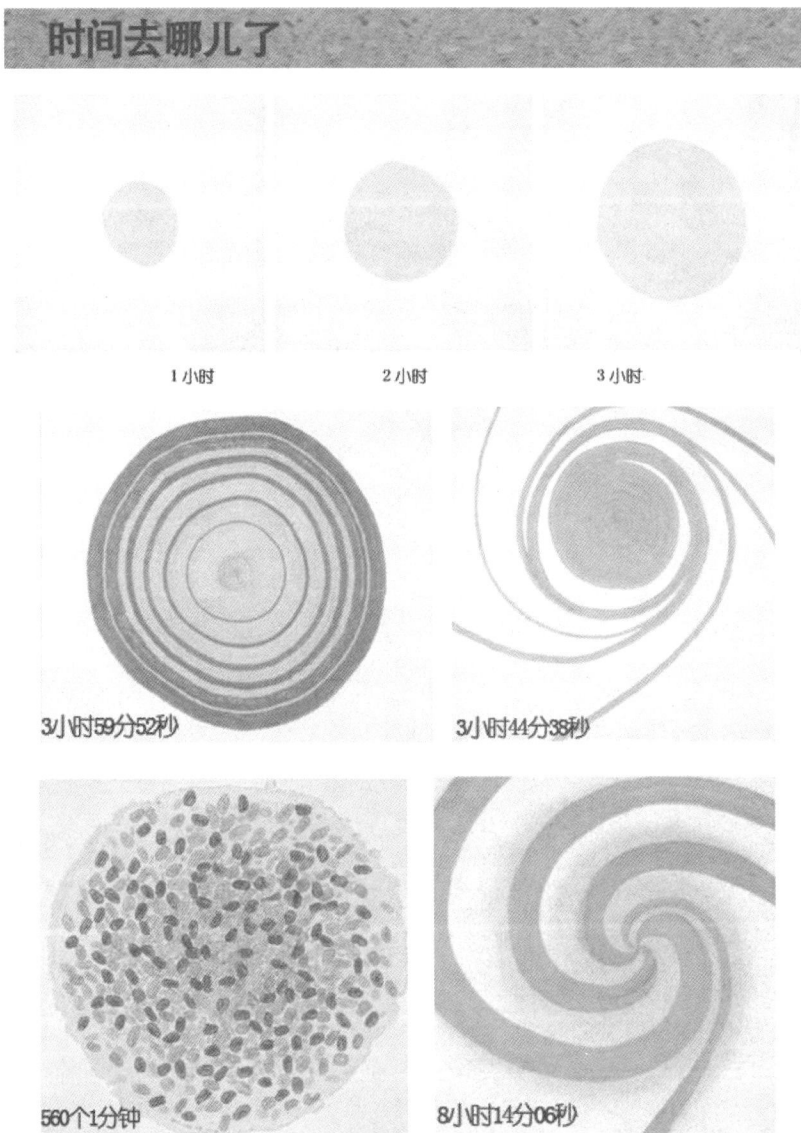

时间去哪儿了

1小时　　　2小时　　　3小时

3小时59分52秒　　　3小时44分38秒

560个1分钟　　　8小时14分06秒

备注:

画幅尺寸 70cm × 70cm,材料为宣纸(宣纸本身有细微褶皱,但不影响作品质量)。

图例所示为何成瑶已绘制完成的时间观念绘画,形式多样,但本次众筹回报作品仅限于形似"年轮"的绘画,不另做其他形式的延展创作。

创作过程

这次的作品结合了禅学、道家的理念，去除了审美、抒情、叙事、技巧的成分，最大限度地达到了简化，平淡无奇，一如生活本身。

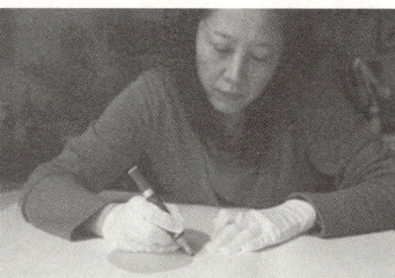

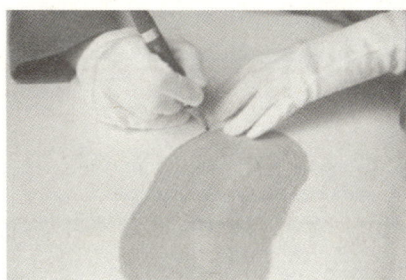

细节图

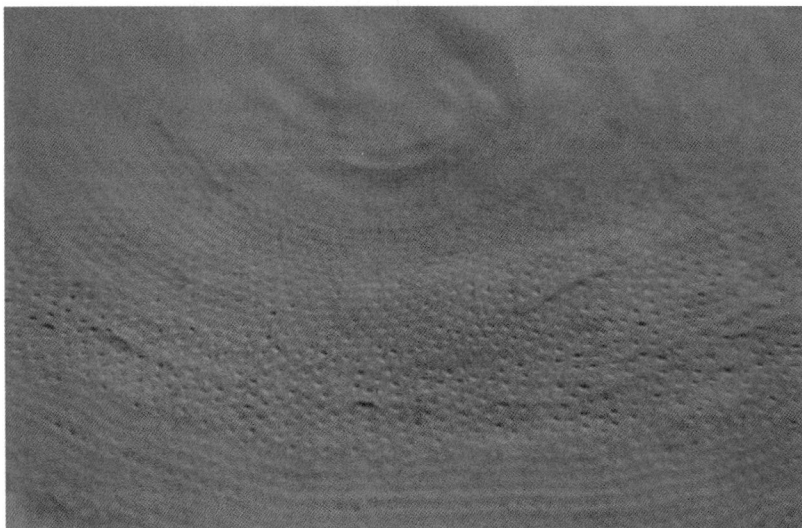

　　不同的时间长度,描绘出的是不一样的时光图案,在哪一秒起笔,又在哪一秒停下,所有的一秒组成了这样一幅再也回不去的却又是永恒的记忆。

我该如何参加

　　您可以在我们限定的时间范围内选择一段以小时为单位的时间(例如:2014年4月1日12:00~15:00共3小时,或者2014年4月5日9:00~10:00共1小时),在您指定的这段时间里,艺术家何成瑶将会在您规定的时间段内为您绘制一幅"时光秒轮图"。（注：若您指定的时间长于 3 小时，则不排除艺术家在此期间进行短暂的暂停——进食和上洗手间。）

当然，您也可以不用指定具体创作时间，只需选择您想要购买的小时数即可。

为了方便操作，我们为您统一提供五个等级的整数支持数额，分别是 1 小时（2000 元）、2 小时（4000 元）、3 小时（6000 元）、4 小时（8000 元）、5 小时（10000 元）。

限定预约时间范围：2014 年 4 月 1 日 ~2014 年 5 月 1 日期间每天的 9:00 ~17:00 之间（如出现多人预约同一时段，我们会进行电话通知和协商）。请将您指定的时间段按照"2014 年 * 月 * 日 * 时 ~2014 年 * 月 * 日 * 时"填在备注中，若不指定时间，请填写"支持 * 小时"。

众筹上限：众筹小时数上限为 100 小时，即当众筹小时数超过 50 个小时后，我们最多只接受到第 100 个小时的"支持"订单。

寄送时间：支持完成后，您将会收到具体的作品完成时间通知，寄件日期一般会在作品完成日的后 5 天寄出，所有回报作品最晚在众筹项目结束后 15 天内寄出，原则上您收到纪念品寄件的时间不会超过众筹截止日后一个月。

其他注意事项：

1. 若您希望同时购买两张以上作品，则需要进行多次"支持"行为，且指定时间不冲突，一次"支持"只创作一幅画。

2. 由于这是一次闭关的艺术创作行为，需要安静的环境，因此艺术家在创作期间，不建议"支持者"亲临艺术家创作现场。

我将获得什么

一次从未有过的艺术体验

一幅艺术家亲笔签名的观念绘画作品

由于个人喜好不同,作品不做统一装裱,但会保证包装的安全性,给您带来不便敬请谅解。

一张具有保值意义的收藏证书

一份艺术家寄出的神秘纪念品

此次艺术项目结束后,我们会给您寄出一份有关这次艺术计划的神秘纪念品,以感谢您对此次项目的支持。纪念品将不随作品一同寄出,请您耐心等待,原则上寄出的时间不会超过项目结束后一个月。

为什么需要你的资金以及资金的用途

艺术家曾于2012~2013年在甘孜藏族自治州炉霍县朱倭乡杜柏村觉日寺的佛学院担任志愿者。在这一年的时间里,除了帮助寺院的小喇嘛学习汉语,艺术家还为佛学院筹集了8万元左右的善款,用于添置桌椅文具发电机及生活用品。通过一年的禅修生活,不论对心灵的成长还是对艺术哲学的思考都有了更深的认识与升华。这一次,艺术家将重新踏上寻找艺术与生命完美结合的征途,艺术家将开创一个新的艺术里程碑。本次项目所筹资金将用于本次"生命每一秒"艺术计划的创作以及未来继续深化"时间""生命"主题的艺术创作与探索。

项目发起方 新艺经集团

新艺经集团是中国文化艺术全产业链的构建者、实践者、引领者,致力于当代价值观的构建,以德为价值核心,创建德道书院来传承和创新文化艺术。集团以构建中国当代文化艺术生态为切入点,创造文化艺术的全产业链模式,以全新的商业思想和模式成为这个时代文化艺术价值神话的缔造者。集团以改变艺术民生为宗旨,用消费推行价值观、用产品提升美育,为中国千万艺术从业者创造价值实现平台,让原创艺术品走进千家万户,掀起新的艺术审美运动。新艺经集团下设九大事业部:艺术金融、艺术连锁、艺术教育、艺术拍卖、艺术地产、艺术电商、艺术传播、艺术公益、艺术黄盒子,同时聚拢了邱志杰、金锋、徐震、原弓、沈少民、杨劲松等一批中国著名当代艺术家,何成瑶就是其中之一。在集团缔造者沈其斌先生的带领下,新的艺术神话正在被创造和书写。

参考信息

雅昌艺术网何成瑶个人作品拍卖记录:

LOT号	拍品名称	估价（万）	成交价（万）	拍卖日期	拍卖公司	状态
0079	何成瑶 2013年作 1	8-10 万	17.25万	2013-12-22	元亨利贞	拍卖结果
0171	何成瑶 2002年作 9	6-8 万	8.63万	2013-12-22	元亨利贞	拍卖结果
2853	何成瑶 1998年作 瓶	10-15 万	11.5万	2013-12-03	北京匡时	拍卖结果
0117	何成瑶 1996年作 正	7-8 万	8.4万	2011-05-21	北京荣宝	拍卖结果
0700	何成瑶 2001年作 开	3.5-8 万	--	2007-06-25	北京华辰	拍卖结果
0561	何成瑶 身体的档案004	4-5 万	5.5万	2006-07-29	北京嘉信	拍卖结果
0560	何成瑶 身体的档案003	4-5 万	5.5万	2006-07-29	北京嘉信	拍卖结果

第三、项目分期设计

优秀的项目分期设置，会拉长整个众筹营销的过程，形成推广波次。

前面已经提到过的沙发客项目，就是分期推进的典型。网友杨易宇是一位旅行爱好者，他在拉萨选择了一个500平米的空间，希望为"沙发客"建立一个小客栈。我们知道对于500平米空间客栈的投资，需要较大的资金投入。为了验证这个想法的可行性，杨易宇首先在众筹网发起了募资5万元的众筹项目，设置了非常具有吸引力的回报模式。这个原定75天的筹资项目，大约在30天就募资完成。

由于有了实践经验和初期支持了5万元的"原始粉丝"，杨易宇立即发起38天15万元的第二期募资，结果以17万元超募完成。第二期为什么募资变得更快？就是因为第一期的支持者，也会积极转发宣传第二期的募资项目，形成更广泛的传播。

第四、项目包装

1. 项目图片的设置

2. 项目中视频的设置

3. 回报设置中的技巧

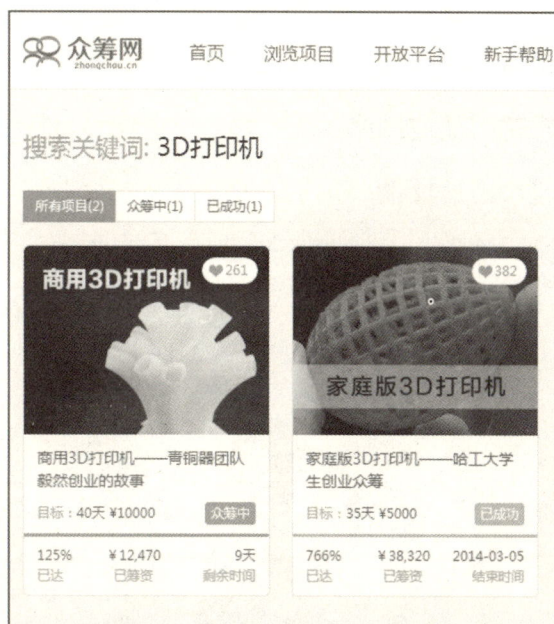

利用站内搜索引擎发现同类项目的成功之道：

1. 各项众筹指标的对比

2. 人群细分的对比

3. 项目特色对比

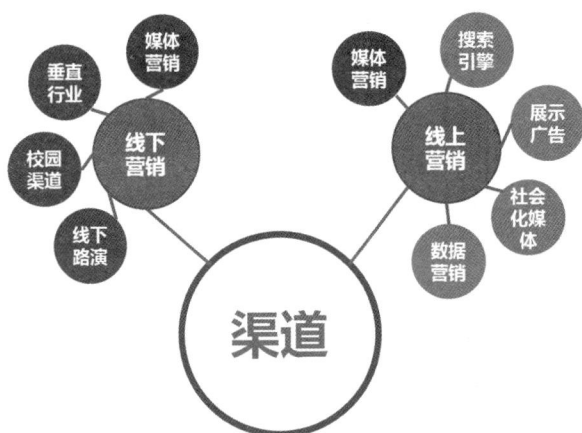

营销推广

众筹项目营销的"外功",主要是借助一切可以使用的营销渠道和手段帮助项目成功。

(1)营销渠道

(2)主要互联网广告介绍

(3)如何充分利用社交网络

(4)关注进度和用户反馈

对于营销渠道,首先会分为线上营销和线下营销。众筹作为互联网金融的组成部分,更关注即时转化率,因此主要关注点是线上营销。

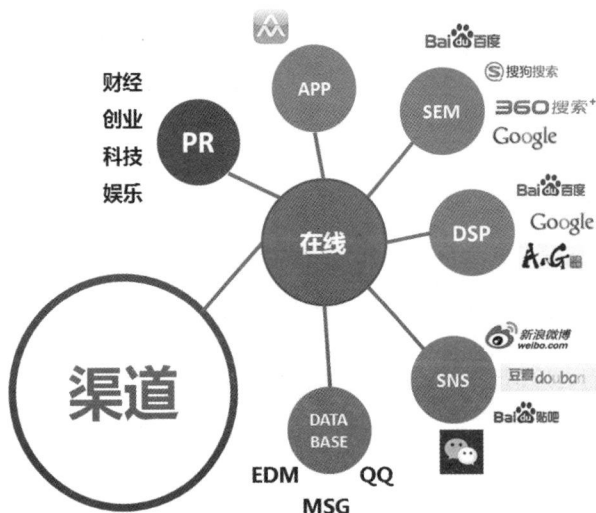

线上营销渠道分类

一、搜索类广告

针对搜索引擎的推广，涵盖百度、360、搜狗等搜索引擎。

（1）百度搜索推广

全球最大的中文搜索引擎，占据超过 80% 的中国搜索市场份额，超过
5 亿网民使用。

通过付费推广，可以让搜索相关关键字的网民，能够在前几个百度搜
索结果，看到我们的网站和项目。

（2）百度品牌专区

位于搜索结果首页最上方，永远位于搜索结果第一位。整合文字、图
片、视频等多种展现结果的创新搜索模式。

首屏黄金位置，占据了首屏的三分之二，可以吸引 75% 左右的目标
用户。

（3）360 搜索推广

当网民在360上搜索特定的关键词时,您的网站信息会优先展现在搜索结果中,让对您的产品有兴趣的网民第一时间看到您的信息和项目。

（4）搜狗搜索推广

搜狗搜索推广是当网民通过搜狗搜索、搜狐网、腾讯网等多种渠道进行关键词搜索时,根据关键词内容将匹配的企业推广信息进行展示,企业按效果付费的网络推广方式。

二、展示类广告

（1）腾讯广点通推广

由腾讯公司推出的效果广告系统,覆盖QQ客户端、QQ空间、手机QQ、手机QQ空间、QQ音乐等腾讯社交平台,同时能够在手机端、PC端投放。

（2）DSP 广告：AG 网盟

AG 网盟广告对接中国 80% 的主流网站广告位,包括国内四大广告平台 (谷歌、淘宝、新浪、百度),覆盖国内 80% 的优质媒体,通过地域、兴趣、时间、人群、行为等多维度进行精准投放。

这类广告属于精准类广告,不是根据广告位置进行投放,而是根据目标人群进行投放的。

根据目标人群投放指的是:通过分析网民的历史行为数据,筛选出对关键词感兴趣的人群,针对性地投放广告。

比如以前这个案例,由于监测到作者本人浏览过啤酒相关信息,则会自动给他推送啤酒广告(见下图右下角)。

(3)豆瓣图文推广

豆瓣最新推出的自助广告服务,豆瓣广告分为图片、文字广告,根据人群兴趣,定向投放给目标受众。

广告会出现在豆瓣电影、读书、音乐、小组、同城等各个页面。

（4）百度联盟

集合 60 万家优质网站的联盟体,充分利用百度强大平台技术,包含了综合门户网站及 25 个行业的优秀站点。

利用定向技术,通过对目标网民的自然属性(地域、性别)、长期兴趣爱好和短期特定行为(搜索和浏览行为)的数据分析,能够帮助企业主锁定目标人群。

广告会以固定、贴片、悬浮等形式,将企业主的推广信息展现给网民。

三、SNS 营销(社区营销)

中国的 SNS 社区已经形成双寡头局面：新浪微博 + 腾讯微信。

（1）微博营销

可提供 120 字以内的文案,并提供可以 @ 转发的微博名称,提供项目链接、项目名称、项目编号,并安排转发。

微博焦点图项目推荐位置可提供图文信息推广。

（2）微信营销

通过公众号进行推广。

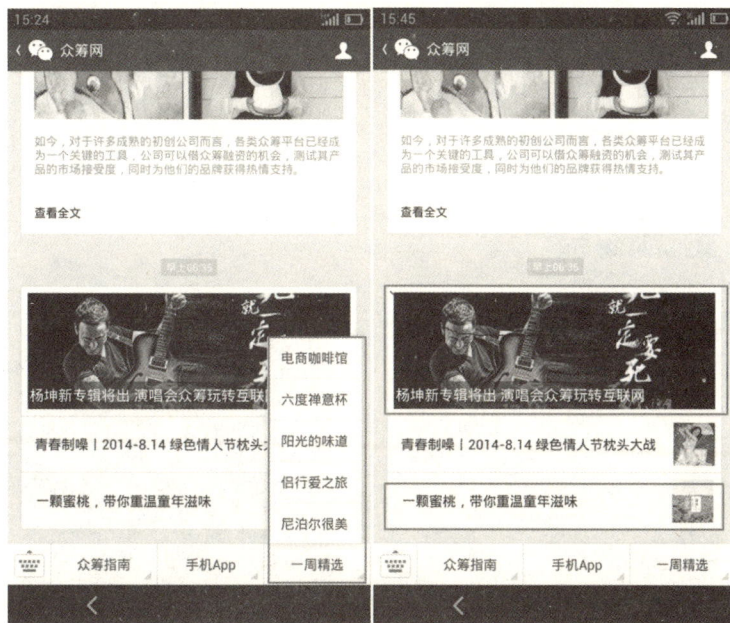

微信平台已经越来越成为人们生活的一部分,关于微信营销已经成为专业领域,在此不做赘述。

四、众筹网自身资源

众筹网自身拥有网站、APP、公众号、官方微博以及 EDM 等多样化的渠道资源,客户可以联系项目经理申购这些资源。

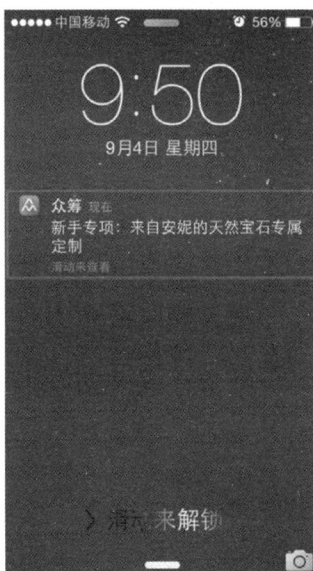

如何充分利用社交网络呢？需要关注几个方面。

（1）SNS——找到你的第一批粉丝

充分利用你的社交网络发布你的项目消息,让更多的人知道你的进度:

A、通过你的项目 SNS 主页:让别人了解你;

B、通过他人的力量:让别人帮你传播。

(2)强调以人为中心的内容分享

社会化媒体营销是利用社会化网络社区和媒体来传播和发布资讯,从而形成的营销、销售、公共关系处理和客户关系服务、维护及开拓的一种方式。

一般社会化媒体营销渠道包括论坛、贴吧、微博、微信、博客、SNS 社区、APP 应用。具体手段包括帖子、文案、视频等。

(3)制造让目标用户分享传播的内容

A、主动分享:在社会化媒体营销上,可以理解为制造内容,本质是三个字:秀炫晒;

B、被动分享:可以理解为信息传播,本质是两个字:情绪。所有情绪里最容易传播的两种情绪,分别是正义感和同情心。

(4)正确理解众筹模式的社交属性

众筹模式即是社媒体爆点

项目受众	分析项目精准的目标用户
项目发起人	发起人自身经历、社会身份地位等
项目故事	有梦想有创意打动人心的众筹故事
项目回报	超值炫酷的项目实物或服务
朋友圈	利用项目发起人团队及初期粉丝群

A、精准的受众用户决定众筹项目接受度

按照营销的需求选择相应的精准受众用户。

并且区分他们：

哪些是你的传播用户

哪些是你的转化用户

B、积极活跃的发起人决定筹资加速度

发起人的人脉关系在众筹营销中是最为重要的环节。

要把握好利用人脉关系的步调和节奏。

C、感动人心的故事决定项目口碑度

常常在你的众筹项目故事中,要设置一些关键的"点"。

他们可以是恰好迎合社会热题。

他们可以是引发别人的共鸣。

D、超值真实回报决定项目持续发展力

在回报当中,要善于发动各种力量帮助推广。

例如:

回报中设置 1 元参与档,就是非常吸引眼球的设计,

可以引来更多关注。

回报中设置超值回报档(高于普通回报),则能引发讨论。

E、朋友圈推广决定项目的初速度

初速度是非常需要的。

初始阶段的发力可以让项目顺利度过"死亡之谷"。

（5）关注项目进度和用户反馈

项目页面互动是最基础的工作。

APP 内与用户私信和留言互动,比 PC 上更方便。

在发布本项目的微博、Qzone、朋友圈等,都要保持互动性。

案例解读

A、成功案例：Catlow 剧院的挽救项目

项目概述：

芝加哥一间曾濒临倒闭的小剧院 Catlow,因为 Kickstarter 上的项目筹

款成功而幸存了下来,在网络上的知名度还一夜大增。

（项目发起人 Tim）

Catlow 剧院 1927 年建设,有悠久的历史。

Catlow 剧院建筑出自当地小有名气的设计师,被入选为国家级历史建筑,带有鲜明的芝加哥本土艺术设计风格。

最初, Catlow 剧院也上演音乐剧、舞台剧等现场表演,圈内和国内小有名气的演员都曾在这里登台献艺,为附近居民带来许多欢声笑语。

多年来, Catlow 本着诚信经营的原则,将许多社区家庭都发展为自己的老顾客,已慢慢在社区民众日常生活中担当起了不可替代的角色。

直到 2012 年, Catlow 剧场始终向社区居民提供着 5 美元的实惠电影票,就是为了让更多普通收入家庭的父母也能和孩子们享受到电影院看电影的乐趣。

好莱坞的电影工作室停止了胶片的使用,对剧院进行多媒体产品输送模式。在这种情况下,全国的电影院都将配合好莱坞进行电影放映系统的数字化变革,否则就将在 2013 年面临没有业务可经营而倒闭的局面。

项目面临的困境:

Catlow 这样的独立小剧院"要么投巨资改数字化,要么倒闭"。

升级音频和视频设备需要最少 10 万美元的开销,否则就只能关闭这家经营了 85 年、伴随了小镇几代人的古董剧院,使之真正成为古董。

需要特别说明的是,在国外电影院也处于垄断中,这个状况正如中国的万达、星美、华星等大型连锁电影院品牌一样。它们每天有着可观的电影票收入,背后又有着巨大的资金支持,而品牌和多媒体供应间强强联手,也必然可以从中获得可观的折扣率。

电影院的竞争非常白热化,在如此天壤之别的资本差异面前,如同在业内掀起大浪淘沙,用濒临破产来形容 Catlow 的困境一点也不夸张。

项目设计亮点:

Tim 清晰地和网友说明剧院的历史性和独特性(回忆):相比起商业场所里的电影院,在有着历史典故的电影院里发展数字化电影,在某种程度上看来,能更好地表达电影的艺术特质,给观众带来和商业社会截然不同的艺术体验。如果 Catlow 剧场能在这场危机中挺过去,若干年后必将给下一代的观众留下更不一样的记忆,成为一道独特风景。

列出了所需要费用的详细清单(可信和亲和力):2012 年 7 月 26 日,Tim 在 Kickstarter 上发起项目,为剧院筹款 10 万美金,他清晰具体地向网友们罗列出了升级电影院放映系统所需要的一切设备费用。

项目回报设计:

贴合实际的回报设计。

1美元的支持，Catlow团队也将永远感激。（这个友情赞助的设置现在在众筹项目非常常见。筹集人气之余也汇沙成塔）

10美金，资助的人都将获得Catlow免费电影票和爆米花饮料套餐一份，并将在Catlow网站上和电影放映前大屏幕中给予特别鸣谢。

精心设置项目回报

25美元，可在指定网站凭密码收到一段短片，实景拍摄Catlow剧院内部环境，放映设备，通过镜头带网友们参观Catlow。

125美元，除了上述回报之外，支持者还可以获得全年电影免费看个遍的优待。

项目发起之后：

在两个月的预设期限里，Catlow 电影院项目一共获得了 1394 个人的支持，筹集了 175,395 美金的资金。

收到了大量的邮件、电话甚至访客上门，告诉夫妻俩这座位于小城社区中心的 Catlow 对他们有着多么重要的意义，第一次约会，童年记忆……

吸引了许多外地网友的注意，他们或许一辈子也不会到 Catlow 来看一场电影，但却被 Tim 的坚持感动了，纷纷伸出援手……

他为什么能成功？

真诚、以情动人、亲和力

强调剧院的历史，唤起人们的回忆

对未来的价值：

在千篇一律的影院集团化浪潮中给后人一份独特的礼物。

B、失败案例：目标为 3200 万美元的巨额筹资——智能手机的"辛亥革命"

项目名称：Ubuntu Edge，一款有设计感的超级智能手机

发起平台：Indiegogo

发起时间：2013 年 7 月

发起人：Canonical 公司

项目概述：Canonical 为自有品牌手机 Ubuntu Edge 发起目标为 3200 万美元的定额筹款项目，其限为 7 月 22 至 8 月 21 日。1 个月后，1280 万美元的总筹款额意味着项目以失败告终。尽管筹得的钱最终得退回给支持者，但这个项目却超越了 Pebble 智能手表在大热众酬平台 KickStarter 上所创造的 1026 万美元筹款记录，刷新了众筹的新纪录。

筹款金额：3200 万美元

回报设置：(共 7 个回报设置，例举如下)

$20：您将成为这个繁荣的 Ubuntu 社区的一员，您将在 Ubuntu Edge 的创始人页面上拥有一席之地，在这里您可以随时了解到项目的最新进展。(4354 个支持者)

$50：您将会得到一件 Ubuntu Edge 的 T 恤，T 恤前面是光点图形，后面是 Ubuntu Edge 的 logo。（1381 个支持者）

$695：直到此次活动结束，您都能以特价得到一款 Ubuntu Edge 智能手机。（5682 个支持者）

$7000：您将会得到一套十款的 Ubuntu Edge 智能手机，另外，您会得到 14 天的在线技术支持，来帮助您的 IT 经理和信息技术人员将安卓版本的操作系统运用在工作场所。（3 个支持者）

筹款结果：

支持者：17215

筹集资金：$12,814,216

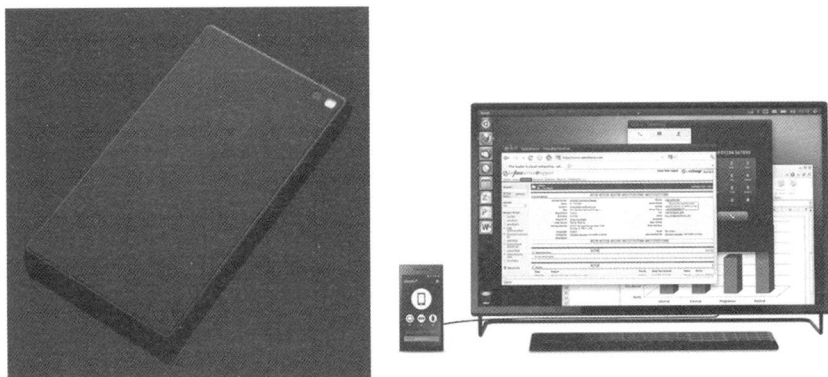

项目立意本身还是"高大上"的！

Canonical 颇具野心地将 Ubuntu Edge 定位为"超级手机"。

在 Mark 的发明设想中，卓越不群的 Ubuntu Edge 智能手机将配备 128GB 内存，采用 Ubuntu 移动操作系统的同时也支持 Android 系统，这可以将那些对 Android 系统已不耐烦的消费者统统拉拢过来。

此外，定位于高端智能手机的 Ubuntu Edge 还将超越手机功能，延伸出电脑的功能，只要将手机连接显示器，就能当台式电脑使用，将以二合一的姿态称霸市场。

失败原因剖析：奇迹为何没有降临？

黑马潜力缺乏后劲。

在项目推出的首日, Ubuntu Edge 的定价为 600 美元,高科技发明都带有爆发力, Ubuntu Edge 确实表现出黑马潜力,开售首日就进账 340 万美元,消费者疯狂追捧程度不亚于苹果新品上市。小部分科技迷迅速出手热潮过后,进度发展每况愈下。

对尝新众筹价支持人数有限额。

拿下 5044 台手机订单后,项目发起人单笔投资金额的限额涨到了 895 美金(众筹版售价 600 美元,但只有 5000 个名额,而普通零售版 830 美元)。这样的设置使 5000 位名额之外的单个支持者放弃。Canoical 之后把金额调整到 695 美金,但最好的时机已经错过。

愿意为这个神机买单 2000 万美元的公司没有降临。

在这 17,215 份支持中,只有一间公司以"企业"名义投入 80 万美金购买了 115 部 Ubuntu Edge 手机。另外还有三个团体以"企业参与者"名义各支持 7000 美金购买 10 台手机。除此以外,大部分均为零散个人支持者,也意味着这个创意并没有获得投资公司的青睐。而最终离最初 3200 万美元的筹款目标差了接近 2000 万美元,意味着项目成功要出现愿意为这个神机买单 2000 万美元的投资公司。

失败之余的收获

该项目失去了筹集生产成本的机会,以失败告终,然而这并不意味着 Canonical 公司和他的 Ubuntu Edge 创意一无所获,甚至说这一失败带来的知名度和关注度远远大于许多成功项目。

1. 用野心和自信换来的高关注度。要在一个月内筹得 3200 万美金,细算下来意味着平均每天的收入不低于上百万美元,无异于向所有人呈现其野心勃勃。

2. 它创造了迄今为止筹款金额最高的纪录,比智能手表 Pebble 项目高出了 200 万美金,也是距离目标筹款金额最远的项目。

3. 对其他科技公司的未来启示录。如今运营商和手机制造商确实有意于开发运行移动 Linux 系统的手机,只是他们感兴趣的不是 Ubuntu

Edge 项目想要打造的高端"超级手机"。

4.Indiegogo 网站坐收渔翁之利。媒体的报道及大众的关注让这个与 Kickstarter 竞争的众筹平台获得了大量的曝光。

5. 然而回归到该项目最终以失败告终的事实，与其说 Mark 过于好高骛远，不如说他的创意已经脱离大众太远。即使时光倒流，未横空出世前的 iPhone 创意套进众筹的概念里，也未必能获得最多支持率，因为将未来创意带进现实世界本身需要的是超众的意志。在生米煮成熟饭前征求大众意见从来不是乔布斯的路子，放在 Ubuntu Edge 的概念里亦然。

6.Ubuntu Edge 智能手机前行的步伐或许没有止步。Canonical 首席执行官简·西尔伯 (Jane Silber) 认为，未来进行创新的时机已经成熟。作为基于 Linux 操作系统的 Canonical 团队，该公司仍决计继续推动移动技术的拓展。

第四章　案例教学

农业项目

农业项目是众筹领域中的主要方向之一。一般农业众筹,特指特色农产品众筹和城市休闲农场众筹。

中国农村范围广阔,本地特色农产品和野味数量众多。但是基于区域阻隔和信息闭塞,这些美味佳肴深锁闺中,食客们难填口腹之欲,农民们守着金山过穷日子。

传统的电子商务,需要商品规格标准化,产量规模化,供应持续化,因此对于小批量、季节性为特点的土特农产品,难以实现支撑作用。

2014 年 10 月 13 日,山西省永和县挂职副县长程万军以"永和核桃圆孩子书屋梦"为题在网络上发起众筹,一方面帮助农民卖核桃,一方面帮孩子们的书屋筹款,目标 15 万元。

11 月 13 日,该项目结束,共筹资金 866675 元,完成目标 578%,完成情况大大超出预期。

"该项目帮助永和县销售核桃 2 万余斤,每斤帮助当地农民增收 3~5
元,成功签约一家省级经销商,并与多家经销商和深加工企业正在洽谈。"
程万军事后对媒体表示,"用户通过众筹,可以获得的回报包括永和县的
纸皮核桃、绿色山羊肉、放养野猪肉以及传统陈醋等等,这就把我县的其
它产业也带动起来了。"

通过众筹的方式,不仅给当地农民带来了收益,更是给永和县经济发
展带来了巨大机遇。

该项目的特点是,是"公益性 + 现实性"结合,既满足支持者心理上支
持贫苦山区孩子的成就感和优越感,又能获得现实中的物质回报,因此取
得了非常大的成果。

（支持人数最多的三个选项）

农业众筹的设计要点，是要和农业电子商务分开。一旦产品缺乏故事性，或者已经具备量产能力，则不应该采取众筹模式，而是应该去电子商务网站做电商销售。

即：农业众筹不是销售，而是挖掘小众市场。

科技项目

谈到科技众筹，国内做得最大的一单，是京东众筹的"三个爸爸"。关于这个案例的报道很多，这里引用一下《东方企业家》的报道：

戴赛鹰：我经营的不是产品，而是父爱

三个爸爸智能空气净化器于2014年9月22日开始众筹，一个月后众筹金额达到1122万元，参与人数达到3732人，成为中国首个金额超千万的众筹产品。（文/袁源）

四十多岁的戴赛鹰看起来很年轻，略带斯文的外表配上一身休闲的装扮显得格外精神。10月22日，北京少见的"APEC蓝"，在国贸附近的一家咖啡馆，他向《东方企业家》记者娓娓述说着自己与三个爸爸智能空气净化器的故事。

和其他创业者不同,戴赛鹰并没有谈自己的产品和公司,而是始终在说自己刚出生4个月的孩子,语气中充满了温情与慈爱。他的微信头像是自己抱着孩子的照片,眼睛盯着孩子,脸上满是笑容。

在他看来,孩子是他做三个爸爸智能空气净化器的初衷,也是产品最终想要达到的目标。"我始终认为,自己做的不是一款流行产品,而是一份父亲对孩子成长的牵挂,这个产品之所以能够那么火,也是因为天下有无数像我这样爱孩子的父母。"

同样为父亲的三人一拍即合

2013年8月份,戴赛鹰的爱人怀孕。彼时,北京的雾霾天气始终像挥之不去的阴影一样笼罩着天空。一天,他在上网时偶然读到了一篇关于雾霾的报道,报道说严重的雾霾可能导致孕妇流产,这让四十多岁才有孩子的戴赛鹰愈加不安。于是,他开始和同样即将当爸爸的好友陈海滨及已经有一对儿子的好友宋亚南研究空气净化器。

在研究了近一个月后,三人还是没有明白空气净化器的性能到底如何,到底可不可靠。"网上有太多信息,专家的说法和厂家的说法都不一样,所以我根本就无法判断哪个空气净化器最好。"无奈之下,戴赛鹰买了朋友推荐的一款国外空气净化器,售价14800元,但每年更换滤芯的费用还需5000元左右。"这个费用太高了,关键是即使买了这么一台高价的空气净化器放在家里,还是觉得不放心、不踏实。"

从此,空气净化器就成了戴赛鹰心里始终放不下的一件事。每当北京出现严重的雾霾天气时,这种担忧和不安更加强烈:"我甚至在心里责怪自己不能保护好妻子和孩子,即使连一片干净的空气都给不了她们。"

在一次与老友李洪毅的交谈中,戴赛鹰突然在心里冒出一个大胆的想法,自己做一款专为孩子设计的空气净化器。李洪毅是空气净化器行业的资深专家,曾在多家空气净化器企业担任技术总监。在他看来,目前国内市场的空气净化器效能都不行,有很大的改进空间。"这就给了我信心,既然还有改进的空间,那我就来自己做。"

　　2014 年 2 月的一个雾霾天，戴赛鹰、陈海滨、宋亚南三人聚在北京一间餐厅闲聊。谈话中，戴赛鹰将自己准备做一款专为孩子设计的空气净化器的想法告诉了另外两人，希望三人能够一起干。"我当时说，既然技术不是难题，那我们就自己做一台空气净化器，就当作是献给老婆和孩子的礼物。"同样为父亲的三人一拍即合，随即开始了创业历程。

　　随后，三人找到了李洪毅，希望他能够加入创业团队。戴赛鹰说，当时为了说服李洪毅加盟，他借用了乔布斯对百事可乐总裁斯卡利说的一句话："你是想一辈子卖糖水，还是想改变世界。"

"500 万肯定不够，我给你 1000 万"

　　在 4 人的创业团队形成后，戴赛鹰开始了创业的第一步——融资。2014 年 3 月初，戴赛鹰找到高榕资本的合伙人张震，寻求资金支持。当戴赛鹰把所有对于产品的想法以及事先修改多遍的技术方案讲给张震时，他却不为所动。"那天也是个严重的雾霾天，我就借着那个时机把自己做这款产品的初衷说给他听。"戴赛鹰说，直到说出做这款产品是为了给孩子一个健康的环境时，张震才露出了笑容。

　　张震说，在两人见面的前一天，他刚把老婆和孩子送到三亚去躲雾霾。"他宁愿不让孩子去上学了，也不能在北京吸雾霾。"戴赛鹰说，正是基于同样的父爱感受，张震最后答应投资该项目，并且将最先 500 万美元的融资需求增加到了 1000 万美元。"张震直接就说，500 万肯定不够，我给你 1000 万，但是你必须得做出好产品。"

　　其后，张震又把戴赛鹰介绍给了分众传媒董事长江南春。在听到产品创意初衷后，江南春也表示出了浓厚的兴趣，因为他的妻子和孩子每次从台湾回北京居住时都会生病，罪魁祸首就是雾霾。在取得融资后，戴赛鹰坦陈自己有点膨胀："可能是钱来得太容易了，突然觉得只做孩子的空气净化器市场太窄了，准备做一个面向大众的空气净化器。"

让孩子感受到爸爸一直都在身边

　　彼时，为了提高产品的知名度，戴赛鹰找到微播易创始人徐扬，希望对方能够帮助推动产品的社会化传播。在听完戴赛鹰的介绍后,徐扬直接来了一句:"你这个方向就是错误的,你拿到投资的原因是因为做专注孩子的空气净化器,现在转而想做大众化的产品,不可能成功的。"

徐扬的一席话惊醒了戴赛鹰。"突然发现自己忘记了当时做这款产品的初衷。"从那以后,戴赛鹰就彻底放弃了做大众化产品的想法。

为了摸清父母的需求,戴赛鹰和他的团队访谈了七百多个父母,总结出 65 条意见。最终,他挑选了其中的 12 条意见作为产品的主攻方向。

比如,有父母反映空气净化器一般只有红绿两种提醒等,无法判断屋内的空气质量,戴赛鹰在设计产品时就特意加了一项 PM2.5 显示功能;有父母反映说孩子经常去拉空气净化器的电线,可能导致危险,戴赛鹰就将机器设计成方方正正的形状,同时在机器底部安装滑轮,使得孩子不会拖倒机器;有父母说孩子能够把手指插进净化器里面,戴赛鹰就把净化器的出风口叶片做得很小,让孩子的手指伸不进去。

当然,三个爸爸空气净化器火爆市场的最主要原因还是它的全智能模式。戴赛鹰说,有的父母反映时常会忘记开关空气净化器,于是他就在产品中加上了一个 wifi 模块,使得手机可以远程控制机器。在这种智能模式下,机器会根据屋内 PM2.5 的值来转换净化档位,污染数值越高档位越大,反之则越小。当污染低于一定限值时,机器就会自动处于待机状态。

"我希望把这个产品变成一个情感沟通的东西。比如我外出时能够通过手机看到孩子房间的空气环境质量,然后手动调节空气净化器,给他一个舒适无污染的环境。"戴赛鹰说,他现在已经养成一个习惯,每隔一段时间就会查看一下孩子房间的空气质量。"我希望通过这种方式来让孩子感受到爸爸一直都在他身边。"

"想做一款极致的产品"

这其中也有一些争论。此前在某企业担任营销副总裁的戴赛鹰对于产品的成本问题很敏感,在做这款空气净化器时也不例外。"我想做一款极致的产品,那成本肯定是很高的,我又想控制成本,这两方面就是矛盾的。最后只能是我妥协,很多材料的成本超过原本预算的一倍。"不过,在产品的品质上戴赛鹰始终没有妥协。比如空气净化器一般杀菌采用的都是紫外灯,这种材料虽然成本低,但是有辐射。在设计产品时,戴赛鹰就建议用另外的材料替代,但是技术团队建议用外膜包裹以降低辐射。"我觉得这就是忽悠人的,包裹起来还是能释放辐射的,这是给孩子用的产品所以一点风险都不能有。"最后,产品还是弃用了紫外灯,选择了一种没有辐射的高价杀菌材料。

从 2014 年 4 月到 8 月,经过近四个月的反复调试,戴赛鹰团队的第一批空气净化器样品成功面世。随后,他将这批产品送给一些父母进行试用,以需求用户的改进意见。这其中发生了一件让戴赛鹰始终铭记的事情。上海一个试用该产品的父亲用自己购买的设备测试甲醛去除率,得出的结果是该空气净化器对于除甲醛没有效果,跟宣传的不一样。

随后,该用户将此事发到论坛上,给团队带来很大的压力。为此,戴赛鹰专门到上海拜访了这个父亲,两人作了一次长谈。"我告诉他产品设计的初衷以及他用的测试方法不科学,不能以此来说明净化器没有效果。"或许是被戴赛鹰的真诚打动,该用户同意到权威的实验室进行检测,结果显示该产品的甲醛去除率是合格的。

后来,该用户就变成了产品的免费宣传员。两人也成了好朋友,在三个爸爸进行的第二轮融资中,该用户还计划投资。

众筹与口碑

2014 年 9 月,戴赛鹰找到京东,希望在该平台上发售产品。但遭到京东方面的拒绝,理由是该产品并未成型,也无量产。不过,京东方面则建议戴赛鹰团队将产品放在京东平台上进行众筹。令他没有想到的是,这个当时的无奈之举却给团队带来了意想不到的惊喜。

三个爸爸智能空气净化器于 2014 年 9 月 22 日开始在京东上进行众筹,一个月后众筹金额达到 1122 万元,参与人数达到 3732 人,成为中国首个金额超千万的众筹产品,戴赛鹰的团队也因此获得了极大关注。目前,所有众筹的产品都已发货，且获得了不俗的口碑。戴赛鹰说，到年底，三个爸爸的销售额预计能达到 2500 万元。

从 2014 年 2 月的一个临时性想法到如今的明星产品，戴赛鹰用了不到九个月的时间获得不俗业绩。在他看来，这个成绩说明了天下有无数像他一样的父母，希望给孩子最好的关爱。

从上面的报道内容，其实已经揭示出科技产品众筹的要点：互联网时代做产品，一定要让用户尖叫和惊喜。

第一，空气净化器是刚需，PM2.5 是大家不可逆的关注点。因此，空气净化器符合大趋势，在中国拥有广阔的市场需求。

第二，质量要过硬。现在市面上的空气净化器 95% 都是无效的。

第三，产品本身要具有传播能力。首先，产品具有温度感，不是冷冰冰的硬件，而是将爸爸对孩子浓浓的关爱注入到了产品里。其次，"三个爸爸"这个名字让产品具有"话题性"。本来，"三个爸爸"的意思是三个创始人都是有孩子的爸爸，但是广告语句是"妈妈，我要三个爸爸"，很容易让人关注和产生传播。这句话放在过去可能会让人产生反感，但是非常适用于开放、自由、个性的今天。

最后要提醒的是：从报道内容大家也就知道了，"三个爸爸"并不是由京东众筹造就，而是"三个爸爸"成就了京东众筹。所以，如果你仅仅还是个创意阶段的小青年，就不用幻想一夜成名了。

出版项目

可以说，我们每一个人的生活都与出版相关。

你可以是一位神秘出版大咖，也可以是一位嗅觉敏锐的市场营销人员；你可以是一个文艺范儿的女神，也可以是一位油菜花男森；可以是一位高冷的管理者，也可以是一位疲于奔命的程序猿；可以是一个可爱的小罗莉，也可以是一个白发苍苍的老者……

如果你热爱阅读，喜欢分享，那么，众筹网欢迎您来发起出版众筹项目。

不要以为好的众筹项目都是别人家的，只要你足够用心，一定能做出比他们更好的项目来。

那么，怎样才能做好众筹项目呢？

首先，要讲一个好故事。

好的项目要有情感诉求，把你的项目背景、项目背后的故事讲给大家听。好故事可以点燃支持者内心柔软的部分，绝不能变成商业计划书和图书征订单。

众筹不是简单的交易关系，还寄托了支持者与项目发起者之间因为共同的理念、目标、爱好、情感诉求而"在一起"的行为。

充分调动支持者的参与感，是项目成功的必要因素。

喜欢(471)　　　　　　　分享：　　20

250天，我们只做了一本书

250天前，也就是去年的8、9月份，三联书店的一位青年编辑在谋划一本小书，这本小书的作者叫魏小河。当时他第一次跟作者约稿，魏小河爽快地答应了。魏小河是独立书评人，微信公众号"不止读书"的作者。他在网上颇有名气，但现实中的魏小河谦虚少语，还略带些羞涩。

与这次约稿同时产生的想法叫"独立日"，也是在250天前。三联生活书店当时希望能做一套书，让当下正拼搏前程的年轻人生活得更有趣一些。这个开头与市场铺天盖地的励志书如出一辙，但是你也知道，以三联的通格来看，事情肯定没这么简单。

后来我们发现，如果你想要做一些真正自己喜欢的事情，往往只能自己一个人去做。于是我们缩小范围，只专注于一个人生活的年轻人，他们很多都是"单身狗"。身边的独居者，似乎多半过得不好。有人被父母逼婚，压力山大；有人为了攒钱买房子，能省则省；有人离了父母，又还没学会自己生活，难免迷茫。也因此，"心灵鸡汤"和所谓的"正能量"大行其道。

"独立日"的初衷，是为了阻止生活不可避免地走向庸俗。我们希望通过"独立日"为大家介绍一种可能的生活方式，让大家在一个人时享受"独居"的乐趣，这也是一次理想主义的实践！

"独立日"是百年老店生发的一枝新芽，也是固有情怀的外化和年轻化。店里的通格和与魏小河的缘分，决定了三联生活书店的新品牌"独立日"，将从读书开始。

已完成109%

《小世界》系列——一位中国爸比的温情与爱

❤ 喜欢(358)　　　　　　分享：　　　　　0

关于我

《小世界》系列——一位中国爸比的温情与爱 (中国,温情,系列,世界)

我是一名作家，一个摄影师，更是一位中国孩子的父亲。

2006年，从女儿出生的那一天起，我拿起了相机，把镜头对准了女儿和家人，拍摄每一个日子里点点滴滴的瞬间。在光阴的流逝里，女儿一点点地长大。如今七年过去了，我的女儿已经从幼儿园毕业，上了小学一年级。留在我电脑硬盘中的数万张照片，还有我给女儿写的几万字长长的信件，成了我们最宝贵的财富。

我想要做什么

七年中，那些恍如昨日的美好瞬间，被我的照相机一一定格，留下了几万张珍贵的照片。

2013年11月，一本汇聚着浓浓温情爱意的作品《小世界：温情爸爸的拍摄手记》一书，由中国摄影出版社出版（当当网址 点这里，看书的介绍 点这里），在社会各界引发反响。全国很多报刊媒体刊发书评，予以推荐（看评论 点这里）。在《小世界》书中，让人最感亲切而熟悉的，是一户普通中国家庭的日常生活。毫无雕饰，至真、至纯、令人怦然心动。

生活是有香气的，静谧的庭院、斑斓的碎布，那深入人心的文字，以及随手抓拍的记忆、女儿微笑的瞬间。这些寻常日子见惯的风景都不再是过眼云烟。

现在，另一本蕴含浓浓爱意的作品《爸爸的小世界：最真诚的摄影指导书》，经过长达半年的写作，已经完成。这本书，从我自己的拍摄经验出发，告诉所有的爸爸妈妈，如何为自己的孩子拍一张张有意义的照片，留下一个个难忘的记忆。这本摄影技法书，没有艰深枯燥的理论知识，有的只是最朴素最真诚的理念——"爱比技巧更重要！""拿起相机，去拍就对了！"

其次，做好跨界，回报新颖有创意。

一个好的众筹项目，绝不是一个单一的产品。

众筹模式的魅力也在于此，能够把作者的内容价值跨界到其他领域中去（影视、游戏、舞台剧、培训、旅行、公益……），借助互联网平台，打破传统行业的界限，是我们与诸位同行们共同探讨的课题。

已完成167%

零距离接触联想
敢玩和"感"想

喜欢(96)　　　　　　　　　　分享：　　　　　0

亲笔签名书　　　　参观联想　　　　限量版小黑公仔

美国的明信片　　　读书私想会　　　金牌培训课程

限量版YOGA平板　　团体定制分享会

已完成119%

一元梦想许愿池

喜欢(239)　　　　　　　　分享：　　　　　0

第三,做好线下路演,引发羊群效应。

找对人群做好线下动员,充分利用作者本身的人气和网络号召力。

有针对性地去做动员。线下和线上的准备同样重要,人都有从众心理,如果项目筹资进度过慢,支持者很可能变成观望者。

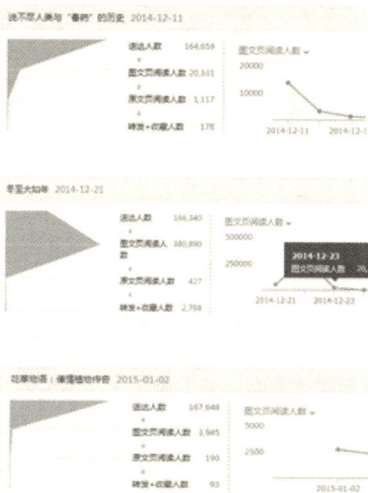

项目撬动自媒体资源：楚尘文化（20万以上微信大号）连续推广项目链接20多次，其中一次植入在38万阅读的文章中

掌握以上三点,你的众筹项目至少已经成功一半了。至于成功的另一半如何实现,快发起你的个性众筹项目,我们会有专业的项目经理全程一对一给您最专业的指导,还等什么?

附录参考:《出版人杂志》关于出版众筹的报道节选

标题:出版众筹,搅局者还是救世主?

2015-06-19 邢明旭 出版人杂志

嘎登急匆匆地喝了碗热茶,赶在熹微的晨光升起前离开了家。从海拔 4524 米的西藏那曲到山那边的边坝,天气正常的情况下也需要三天,何况外面正下着雨,他必须抓紧时间。

在泥泞狭窄的山路上"翻滚"了四天后,嘎登终于远远望见了翁达村口破旧的木篱,几个孩子正踮着脚,期待又焦急地望着这位特殊的访客。货车上装着边坝住民急需的"礼物"——大米,这是可以驱走常年折磨着边坝人们的大骨节病魔的良方。

北京人李珊是这批总计 35.5 吨大米捐赠的发起者,然而他清楚,这个数字与边坝住民生活基本需求相比只是杯水车薪。5 月 7 日,他选择在众筹网上线了"山那边的西藏——为西藏边坝县大骨节病儿童筹集大米"

项目,希望为那里的人们筹得 20 万元以额外购置 50 吨大米。参与者除电子感谢信外,还能得到他写的一本书——《神的孩子都要去西藏》。如今项目上线一个多月,筹集金额已达原定目标的 147%,众筹成功。

众筹网发起的"山那边的西藏——为西藏边坝县大骨节病儿童筹集大米"项目上线一个月便超额完成原计划的 147%,成为出版众筹领域的又一个成功典范。

其实与《社交红利》《创业时,我们在知乎聊什么?》等开山鼻祖相比,这个项目称不上传统意义上的出版众筹,图书在其中仅扮演着回馈品而非众筹产品的角色,但以它为代表的一些项目正让出版与众筹以一种全新的形式结缘,也让人们对众筹平添了更加美好的期待。

"经历了 2013 年的萌芽和 2014 年的探索,出版众筹正在 2015 年迎来爆发。"据众筹网出版合伙人姜帆介绍,在这个出版众筹规模最大的平台上上线的总计 765 个项目中,257 个项目已经成功,除去仍在进行中的109 个项目,整体成功率在 40% 左右,"如今越来越多的出版机构正逐渐认识到众筹这一互联网催生的全新出版模式所带来的重要意义从而投身其中。"

从 B2C 到 C2B,利用社交化平台的集聚效应,吸引具有认同感的用户关注,使图书的被动接受者,变身为出版项目的梦想赞助商、营销助力者和内容提供方。众筹模式大大提高了用户的参与度,被称为"升级版的粉丝互动方式"。随着众筹网、"赞赏"等平台的兴起和电商大佬的杀入,这场方兴未艾的出版实验,使传统出版格局悄然发生着"异动"。

>>>> 有故事的书更好卖

有这样一本书,在众筹概念仍处萌芽之时,近乎凭借一己之力,敲开了国内出版众筹的大门。2013,由腾讯公司职员徐志斌撰写、磨铁图书公司出版的《社交红利》通过众筹网的运作,在尚未正式出版前便得到预售收入 10 万元,最终在一个月里取得月销售 5 万本的佳绩,让国人第一次见识到了众筹的力量,也验证了众筹模式作为一种全新的互联网商业模式在出版领域的可行性。

随后,明星产品开始不断涌现。在中国梦网,2013 年底"蝴蝶蓝"的《全职高手》纪念画册出版众筹项目上线后,十天内获得 2990 名蝴蝶蓝粉丝和画册爱好者的支持,筹集资金超过 35 万元,项目完成率达到 175%。

2013 年 12 月 18 日中午 12 点,知乎网联合中信出版社,为《创业时,我们在知乎聊什么?》一书在美团网上发起众筹,限额 1000 人,每人出资 99 元,凡是下单支持的用户,都会成为知乎的"联合出版人",获得封面印有自己署名的典藏版图书。结果,众筹目标在活动上线 10 分钟内达成,共有 5000 多人参加了此项活动。

同月,主持人乐嘉新书《本色》的出版计划上线众筹网,首日便获得 300 多位网友支持,筹集资金 1.5 万,并很快达到筹资目标 5 万元,众筹成功。

成功的项目普遍具有哪些特质?"首先项目要有特别的亮点,项目背景需有故事性,方能打动投资者。如果单纯为了卖书而做众筹,那项目成功的机率常不会太高。"姜帆指出,"其次,发起人要对作者进行深度挖掘,充分结合作者自身的资源设置回报内容,如作者签名、视频音频、培训咨询、文化周边、活动沙龙、个性定制、绝版图书重新定制、新奇体验等,最大限度地为投资者提供更多、更超值的有形及无形回报,从而吸引更多投资者。"另外,做好众筹中的每一个细节也至关重要。"无论是文案的书写还是图片的处理以及回报的设置都是如此,而合理把控项目时间节点更是重中之重。"

作为出版机构试水众筹的实操者之一,三联书店编辑二部主任李娟持有类似观点。"首先,项目立意要有趣、有料、有意义,如唤起精神共鸣、产品特色鲜明、私人订制的独有性、先睹为快的时间优势、超值回报的心理满足、个体需求的现实实现等;其次,发起人要有足够的影响力,参与者对某一个项目的信任感除了产品本身的吸引力,发起人的身份、品牌及口碑都是隐性的吸引力。"她指出,保证众筹项目的信息扩散渠道畅通也颇为重要。"众筹期间，项目要被足够多的目标群体获悉，毕竟愿意付钱的用户只占很少一部分。"

>>>> 勇敢者的游戏

一向大方沉稳且格调颇高的三联书店在这场众筹的浪潮中出人意料地成为了弄潮儿，《孩子：挑战》则是他们试吃的第一只"螃蟹"。"作为三联做众筹的第一个案例，大家自然会对这种项目有疑问：能不能成功？对品牌的影响几何？读者反馈如何？这些我们都无从知悉。"李娟表示，"我们不希望读者觉得我们在玩票，且第一单众筹的成败很可能影响三联对众筹这种模式的看法和态度，从某种意义上来说，这是一个只许成功不许失败的开局。"

在设计回报项目上，三联书店大约 pass 掉十几个方案，最后才确定为其精心挑选的手工书、心理工作坊和私享沙龙。"虽然看起来简单，但却是我们经过缜密讨论后的最优选择，扎实的内容和把品质做进每一个细节，保证了自身的底气和项目最后的成功。"李娟说。

除此之外，该社推出的《独立日·用一间书房抵抗全世界》项目也颇为亮眼。据三联书店营销编辑邝芮介绍，"独立日"是一套专注于年轻人独居生活的系列书，主题是"三联和魏小河为你定制一本书"。"我们在众筹文案和宣传方案上都着重强调'这本书从始至终，只属于你'，加上一些纪念款的文创产品，让读者更有动力为之付费。"该项目以两个年轻人的梦想故事代入，帮助读者更好了解书的内容、价值和承载的梦想，而后新媒体上的发力也至关重要。"当时众筹目标是 3 万元，不到 12 小时就成功了，第二天翻了一倍，之后便稳定增长，在结束时筹集金额定格在 120832 元。"

《独立日：用一间书房抵抗全世界》，众筹目标 3 万元，不到 12 小时即成功，结束时筹集金额已超 12 万元。

旗下出版社的精彩表现让中国出版集团更为清晰地看到了这一模式的优势，"现在集团已经开始鼓励各出版社将众筹作为一种创新营销模式纳入进来。三联有很多书都符合这样的众筹条件，相信这种模式会运用得更广泛也更多样。"李娟指出。

三联并不是唯一勇敢的尝试者。据姜帆介绍，经过一年的运营，众筹网除了与多家包括华章同人、天津华文天下、蓝狮子、童书妈妈三川玲在内的出版和策划机构保持长期合作外，每天还会接到来自全国各地的畅销书作家、媒体机构、新媒体人、行业知名培训师等发起的众筹项目。

而在众筹平台方面，除众筹网、点名时间等相对规模较小的企业外，京东、淘宝等电商巨头也趁机杀入战团，并诞生了诸如《周鸿祎自述：我的互联网方法论》《互联网＋》等优秀产品。对于巨头的纷纷涌入，姜帆表示："从上线项目数量及筹资金额、支持人数等数据看，目前众筹网仍是所有平台做出版众筹最专业的。"

"大电商进入众筹领域很容易理解，哪个领域有利可图他们就都会自己来做。强大资本支持的背后也会有一些问题，因为大电商的众筹往往跟其他利益相互绑定，这是一把双刃剑。"李娟指出，加上京东、淘宝都有自己固有的企业形象，他们的众筹业务可能只在某些领域有所突破，比如京东的科技众筹。"众筹其实是从技术上实现了一个古老问题的解决方式，虽然成熟度还远没有达到。大家现在还只是猎奇，但随着众筹作为一种常规行为被大家使用，客户体验好的平台将能获得更大的市场份额。"

>>>> 仍是一枚"探路石"

众筹究竟能为传统出版带来什么？它的未来又将往何处去？

"这几年互联网来势汹汹，大有兼并一切传统行业之势。传统出版社除了在快消费时代坚持慢文化外，也在寻找契机。"李娟指出，众筹为出版企业带来了精准的分众读者，为其建立读者库提供了渠道。另外，众筹的成本不高，失败的损失也可控。因此，在体制相对严谨的传统出版行业，众筹对控制项目风险有着不小的帮助。"很多事情以前想到而不能做，现在只要你有想法就可以去试。"

在姜帆看来，出版众筹可以让出版社在图书上市前筹得第一笔启动资金，用来出版印刷、营销宣传及策划线下活动，省去中间商的环节，没有账期和返点，所以对于出版社而言，利润更高、回款更快。"另外，众筹期中验证市场并挖掘潜在的用户，为新书出版聚集一定人气和话题。与此同时，参与众筹的读者往往是基于共同兴趣的粉丝，与出版机构之间可以有更多互动，这比单纯购买一本书更有意义。"姜帆认为，通过众筹得来的用户数据，出版社可以进一步维护，让其成为自己的忠实粉丝，并转换为出版社其他图书的支持者。

社交出版平台"赞赏"，不久前获得IDG（美国国际数据集团）资本青睐。"赞赏"定位在为写作者、出版人和赞赏人之间的需求对接提供平台服务。该平台创始人陈序对于这种出版创新模式的解释是，"通过社交关系，以粉丝的资金和资源赞助出版，让原创作者能够成书，这种模式可以规避传统出版误判市场的风险，增加了市场发现新作者的机会"。

然而，在为传统出版流程注入新鲜血液的同时，众筹模式也在一定程度上存在着问题。"目前项目质量参差不齐，个别发起人混淆众筹和团购的概念，缺乏创新和创意；还有一些项目发起人发起项目后就不再跟进项目的动态，支持者无法在第一时间知道项目动态，影响项目成功率。"姜帆指出。

其次便是"买椟还珠"现象的出现。随着对创意的追求，五花八门的众筹项目在"额外报酬"上下的功夫越来越大。有受访者表示，众筹项目在推陈出新的同时，其负面效应也渐显，部分项目为了引起关注，急功近利放弃了图书的内容传播本质。"项目越来越多，大有'乱花渐欲迷人眼'的趋势，参与项目支持的人也越来越关注产品之外的回报，舍本逐末。"

在不少人看来，众筹似乎还只是出版行业触网的一枚"探路石"，这股新力量想要改变传统出版行业的格局尚需时日。有业内人士指出，众筹面临的最主要障碍来自两方面。"首先，部分项目创意不足，没有能够打动人的项目文案或增值回报。另一方面,传统出版机构虽然对出版众筹跃跃欲试,但大部分仍没有做好真正的准备。"比如一个项目成功后,可能有300、500 或者 1000 多个支持者,怎么维护这些支持者,使其成为真正的粉丝,而不是仅有一次购买行为的购买者,在这方面还有很长的路要走。

房产项目

"众筹筑屋"是国内首家专业房地产互联网金融服务平台,由"众筹网"和"自由筑屋"共同组建。中国房地产行业教父冯仑是"众筹筑屋"平台创始人之一。

"众筹筑屋"代表众筹网的房地产业务频道,首先推出的现阶段产品分为经营型物业众筹和销售型物业众筹。

1. 经营型物业众筹最早出现于美国,主要的平台有 Realty Mogul、Realty Shares 与 Fundrise,已经形成了成熟的商业模式。众筹筑屋经营型物业的业务模式与 Realty Shares 最为相似, Realty Shares 早期只有房产债权众筹业务(即国内的房产 P2P 业务,现在国内关于房产债权众筹业务已归属到 P2P 业务中,具体受银监会行业管理)。目前, Realty Shares 也开始了房产股权众筹,其业务流程与 Realty Mogul、Fundrise 等公司相似。

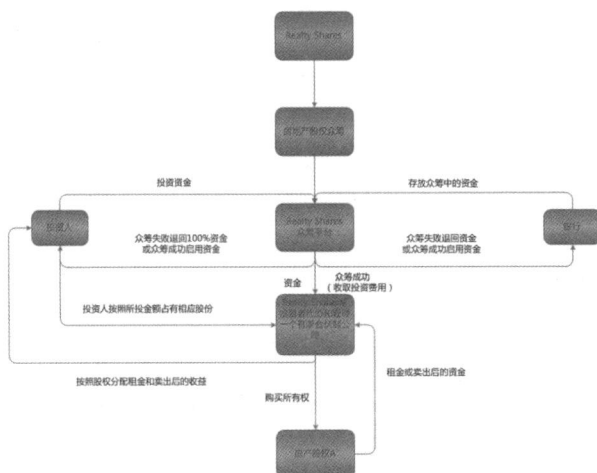

上图是 Realty Shares 房产股权众筹的简易流程图:

项目上线后用户如想投资,平台会要求实名信息注册,包括身份证

号,姓名等。平台会展示房产众筹投资的类型、房产基本信息、预计持有
期、预计收益、众筹资金目标等信息。

参照此种类型,众筹网则推出了"中信雅墨酒店"项目。此项目预计
持有期 5 年,收益类型分为每年租金收益、物业增值收益、对进驻企业股
权投资收益,预计综合年化收益是 16%。众筹筑屋审核此房产股权投资
的形式如下图:

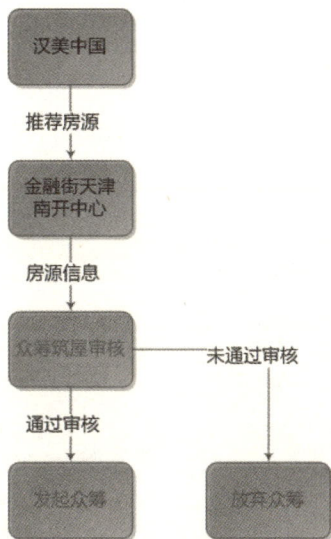

此项目是由汉美中国发起的,希望筹集投资 4500 万元,汉美将项目
内容提交给众筹筑屋审核。众筹筑屋对项目进行审核,所有审核都由
众筹筑屋团队完成,如果未通过审核则放弃众筹,如果通过审核则发起
众筹。

众筹成功后众筹筑屋组织投资者建立一个有限合伙制公司,众筹筑
屋不占股权,但是投资者会签一份合同,规定众筹筑屋作为有限合伙制公
司的 GP,公司日常运营全权交给众筹筑屋处理。

每一个房产众筹项目众筹筑屋,都会帮助投资者组建和管理一个或
数个有限合伙制公司。

示例这个项目的有限合伙制公司名称为"众筹筑屋(天津)南开中心
1 号",下图是此项目众筹成功后房产的管理办法以及股权构成。

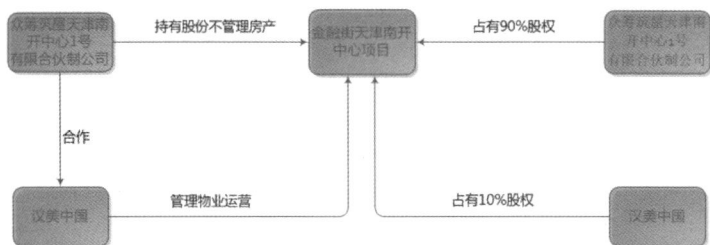

众筹筑屋天津南开中心 1 号有限合伙制公司与汉美中国合作都持有项目的股权,但是众筹筑屋天津南开中心 1 号有限合伙制公司不管理项目物业,所有项目的管理运营完全由汉美中国负责。项目股权结构是:汉美中国占有 10%,众筹筑屋天津南开中心 1 号有限合伙制公司占有 90%。项目每月会产生租金,租金按照股东所占比例分配。分配到众筹筑屋天津南开中心 1 号有限合伙制公司的租金就是当月租金的 90%。

项目产生的年租金,按照 90% 的比例分配给众筹筑屋天津南开中心 1 号有限合伙制公司,众筹筑屋从中收取年化 1% 的管理费。汉美不对众筹筑屋天津南开中心 1 号有限合伙制公司收取任何费用。

如果未来项目出售产生了超额收益,即大于买入价,那么超额收益的 80% 归众筹筑屋天津南开中心 1 号有限合伙制公司,20% 的超额收益归汉美中国所有(因为汉美中国负责商城的日常运营)。最终这个房产股权众筹项目投资者的预期收益是年化 16%。

众筹筑屋运营模式

下图是众筹筑屋的运营结构图

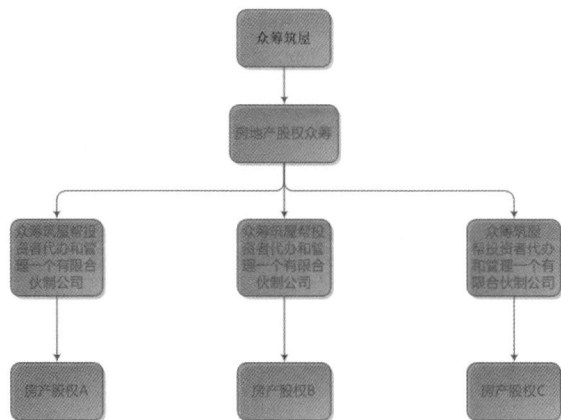

从图中可以看出众筹筑屋的房产股权众筹是通过众筹筑屋帮助投资者成立的有限合伙制公司来管理和完成的。众筹筑屋不占任何一家有限合伙制公司的股份,但是由于投资者签署的合同,让众筹筑屋成为 GP,来管理合伙公司的事务。

通过这种方式管理投资房产股权,可以明确地分配投资者的收益,让众筹发起方能更好地管理投资者关系,这种方式最大限度地保护了投资者的利益,众筹筑屋可以让投资者面临相对较小的风险。

中国的房地产市场环境和政策环境,与房产众筹的发源地美国存在巨大差异,众筹筑屋的销售型房地产众筹业务,是对美国房产众筹业务模型进行了本土化改造,结合了国内房地产开发特性和国内金融环境的要求,为中国地产开发领域贡献了全新的互联网金融服务产品。

现阶段传统销售型房产众筹标的募资规模一般都在两个亿以内,在房地产项目融资中尚未完全占据主导地位,规模较大的项目需要根据筹资的速度跟项目各方面的资源匹配程度分批发起。随着用户对房地产众筹业务逐步了解,参与热情和融资规模逐步放大,并且拥有超越传统金融产品的风险控制手段和市场营销功能,房产众筹正逐渐被开发企业和用户认可,市场发展空间巨大。

众筹筑屋作为房地产互联网金融服务平台,核心业务主要是在交易和资管方面,平台上的用户一部分是传统的购房用户,更多参与的用户是作为一种投资行为,我们也可以把所有买房子的行为都理解为一个房地产投资,或者不动产投资的行为。

房地产公司把它的房地产项目在众筹筑屋平台上进行发布,然后吸引平台和这个平台周边的投资人对这个项目进行投资。这里面既有实际传统的买房子自用为主的用户,也有投资理财型的用户。用户在房地产项目处于土地阶段就参与进来,为开发商提供了开发资金,并且预定了未来的房源,避免了开发风险。开发商节省了融资成本和营销成本,将这一部分利润让渡给了参与众筹的用户,大约有 20%~30% 的空间。

2. 经营型物业众筹,它完全是投资属性的产品。所有的众筹客户通过平台投资一个项目,在这个项目里面分得这个项目每年的经营收益,能取得这个项目未来整个增值部分的收益。就是通过众筹平台投资,把原本需要单人投资购买的单个产权物业,变成集合了很多人的资金共同投资购买。项目标的有可能是买一个房屋产权,也可能是买了一个酒店,或者是一个零售商业。比如集合两百人买几层楼,产品组合就跟传统的房地产不一样。

经营型物业众筹里面的交易形式就是以股权的进入和退出作为核心的交易模式。参与众筹的用户可以通过平台以线上参与的方式进行房地产投资,享受平台提供的安全、便捷、即时的服务。

房地产众筹的核心价值,可以归纳为"多、快、准、省"。

众筹把参与用户的基数放大,增大了参与的人群。通过份额化的销售,把原本一个复杂的商用物业的投资拆解,并且标准化,一笔原本上百万的房产交易,现在最少份额可以拆解到几万块,非常灵活地通过互联网进行交易。

众筹还是一种低成本营销,所有参与众筹的用户本身就是项目的原始投资人,他会对自己周边的人群进行最大化的宣传,然后形成种子用户再带动外围人群。这种跟我们以往的像房地产营销理念里客户带客户的逻辑还不大一样,由于众筹参与的人群基数大,我们原来有 200 套房子,只能卖给 200 人,通过众筹的方式我们有更大的项目影响力,可能有几千人能够参与。

现在用众筹的模式,特别是股权众筹的模式,每套房子都会有几十人、上百人参与,参与的基数变大了,传播的基础人数变大了。它的传播点也非常多,因为众筹是个全程营销的过程,传播的杠杆非常大。

股权众筹的模式核心原理,是由专业的管理人作为项目领投人保证项目的统一经营,众筹投资人获得项目所有权。因此一个酒店或者商业项目,虽然大部分股权被出让,但是项目方依然可以作为最终项目管理人控制整个酒店或者商业的运营。同时,项目方也可以在这个过程中,通过专业的判断,对股权(对应着产权)进行众筹销售或溢价回购,这里面是个交易的尺度或者具体方式的设置问题。这是原来传统的房地产销售或者说传统的交易模式没有办法实现的。

另外房产众筹的价值体现在收益的长尾上,传统的销售模式一般是一次性交割。在众筹的模式里面,除了一次性的交易,好比项目方让渡了90%的股权,未来有一部分买回来,或者不买回来,项目方作为管理人可以在未来整个物业收益增值部分继续享受一部分收益。现在一般在国内,设定一个收益的目标,超额收益部分会有20%或者30%。项目方发起了一个2亿元经营型物业项目股权众筹,我们说未来如果超过2亿部分,它的增值部分项目方作为众筹的管理方会收20%或者30%,如果五年以后这个楼是3个亿,项目方还会再拿到两三千万的收入,这是类似传统的房地产基金模式,更像房地产信托基金(REITs)。这也是众筹借鉴了传统金融模型的具体操作方式。

房地产众筹的核心价值还有两点,一个是作为产品的市场验证,它体现在两个方面:第一是对产品本身,同时也对产品的价格有测试和验证的功能。众筹设计了一个什么逻辑呢?项目方制定方案的时候,这个方案含了销售的量和价格,如果量和价格没有实现,这个众筹的项目就失败了,项目方可以无条件把这个项目撤掉。简单讲,我们认为房子能够卖到一万五千块,传统的项目定价就是这样定的,定完了以后,我开盘了一卖,原来跟得很紧的客户,本来有一百个,最后一开卖以后一看,一万五就来了十个,但是交易已经定性,没有办法把这个单子撤了,但可能价格降到一万四这个问题就解决了。

众筹的逻辑是这样,好比项目方想做一万五千块,同时设定好,不光有一万五千块的价格,同时这次想卖一百套,这个价格才成立,如果没有一百个人来买的话,这个众筹项目就失败了,相当于原本交钱的,定了这些房子的客户就取消了。项目方重新调查,变成一万四千五合适,再重新发一个。这是一个新的营销逻辑,也是新的(锁客)逻辑,在这里面对产品和价格的测试有一个很好的效果。

作为一个互联网平台,能够提供的不仅仅是融资或者销售,还会把用户在项目参与过程中的所有的行为细节,通过数据记录下来。通过对用户行为的分析,再来进一步指导下一个众筹方案的建立。

此外,再介绍一个中信雅墨酒店的案例,这个案例在回报设置上颇有参考价值:

项目名称:三亚雅墨半岛酒店——中国首家众筹酒店

项目地址:http://guquan.zhongchou.com/deal/detail/dealId/1806

项目介绍:

用户需求

1. 众筹网+原始会平台投资人;

2. 雅墨集团自有高净值用户;

3. 追求生活品质的高端用户;

4. 憧憬一个属于自己的创业,却因为各种原因迟迟没有行动的用户;

5. 为逃离 PM2.5 找个合适的理由。

解决方案

三亚雅墨半岛酒店尝试利用互联网金融+各行业意见领袖+实体酒店的跨界融合方式,突出酒店的开放、体验、生态三大特点,通过众筹网股权众筹+实物众筹的方式,线上、线下联动,宣传媒介推广,优秀领投人和基金带动等方式,邀请更多投资人加入并成为酒店股东之一。股金以 10 万元为一个单位,对于入股股东,酒店每年赠送入股本金 10% 的消费卡,消费卡可在雅墨集团任意一家门店使用,其中包括 8mm 会所、8mm 餐厅、olive u 蓝色港湾店、olive u 财富购物中心店、entourage 画廊酒吧,还可在合作联盟(北京花园红墙酒店、成都瑞河酒店、上海水舍酒店)使用。

方案优势

1. 中国首家真正意义的众筹酒店;

2. 酒店经营方具备丰富的房地产开发经验,开发楼盘众多,酒店具备可复制性;

3. 磐鼎基金作为基金领投人;

4. 众多明星、商业领袖参与投资建设;

5. 连锁型高端精品酒店(包括北京、三亚等);

6. 管理团队具有丰富的经营酒店经验;

7. 同时享有股权收益和实物双项回报。

在具体的操作中,众筹平台核心的工作是整个方案设计和线上的运营,所有的线上推广,同时也要承担资金监管的责任。作为项目方主要是做方案和推广宣传的配合,另外是线下客户具体的召集和管理,有些线下活动的工作,如合伙企业的设立,还有未来线下具体的回报支付。

发展规划

2015 年 2 月：筹备期的准备工作

2015 年 4 月～8 月：项目装修、人员到位、设施安装等

2015 年 9 月：对外营业

其他股东权益

预期年化实物加现金回报不低于 15%,其中包括：每年经营性收益现金分红不低于 5%；每年赠予合伙人股东投资金 10% 的消费券(可在三亚雅墨酒店会所使用,也可在雅墨集团任意一家门店及精品酒店联盟使用)。同时包括：酒店健身房、1600 平方米无边界泳池免费使用；每年一次价值 5000 元的高级理疗会所全身体检。

有位投资人的留言很有代表性：关于为什么参与三亚雅墨半岛酒店的股权众筹项目的核心,对于我有这些：梁志天大师的设计；精品酒店的档次；每年赠送投资金额 10% 的代金券；和成为高档次酒店股东的虚荣心及真实收益；在预约了几个月并持续不断地与项目方沟通后,今天终于发行了！期待你和我一样,一起出现在股东名单里！

更多房产众筹案例：http://www.zhongchou.com/fangchan

公益众筹

众筹网公益众筹倡导"变捐赠为投资"理念,从四个方向服务中小NGO组织,公益创业践行者:

已经积累了若干成功实践:

来自上海的00后项目
目标：500元、45天
实际：筹资11,640元
超募2328%
获得200位支持者

源源和他的小伙伴，10位平均年龄10岁的孩子

与蒙牛集团的合作项目
目标：50万元、30天
实际：筹资523,247元
超募105%
获得683位支持者

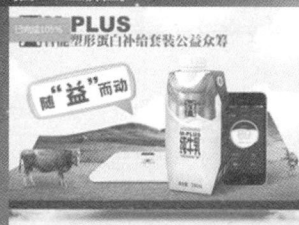

蒙牛高端牛奶产品M-plus

多位自各行业的精英
领投20W元
带动1000人支持
总筹资额超过40W元
量身定制公益形式
满足各类公益需求

　　生活中常会以职业、兴趣等等标签划分不同的圈子，每个圈子都有明显的属性，但在公益领域，这个圈子是不存在的，因为公益与公众有天然的联系，与每个人都有关联，如果说公益的属性是社会责任、个人爱心，那么人皆有之，没有不同；公益也是包容的，不同的理念、思想互相碰撞，但最终都会被同化——无论如何争吵，公益都是为了使人类的生活更加美好。所以对于公益，应该以更广阔的思维去看待，而不是形成固化的观念。

　　公益 + 农业，双方都收益

众筹网上的一个经典案例,是由一位来自国家级贫困县永和县的副县长打造的。永和县地处吕梁山脉南麓,农民人均年收入2462元,永和县山峦起伏,农业主要以种植红枣、核桃为主。2014年是县里核桃的丰收年,全县预计产量3000万斤,但信息闭塞和交通不便使拓展销路成了难题,副县长程万军通过众筹的方式,在众筹网上销售核桃,因为良好的品质,受到了大量用户的青睐,30天时间筹资超过86万元,帮助广大农民扩大了核桃销路,提高收入,同时,还会为当地的孩子建一间图书屋,提升城镇的幼儿园基础教学条件。

农业时常讲究"有机",农业与公益的结合,也是有机的,作为投资人,在不需要付出太多额外成本的基础上做公益,满足了物质和精神的双重需求。而发起人在实现经济利益的同时,也不忘回馈社会,做一些力所能及的事情。公益使农业多了一分温情,农业使公益的实现增加了更多可能。

公益 + 娱乐,公益好好玩

《宠物世界》杂志2014年9月份在众筹网上发起了一个公益众筹项目,为10月份举办的线下活动"猫节嘉年华"进行筹资与宣传。项目设置的回报是活动现场的入场券以及和宠物相关的图书、玩具等,此外,发起人还特地设置一个公益档位,此档位筹集到的金额将折算成等额猫粮,捐赠给流浪猫救助组织。

娱乐类项目往往会带来大量的关注度,很多人即使对公益并不热衷,但在关注感兴趣的娱乐项目时,也有可能会被公益所打动,进而支持公益。娱乐是刚需,有时候甚至是疯狂的,例如粉丝在偶像生日时发起的植树活动,当娱乐以公益的方式执行,就将为公益带来无尽的可能。

公益 + 金融,普惠全社会

网信理财与众筹网自2014年10月底联合推出公益P2P（peer to peer lending）,已经成为网信理财每周五固定的项目。网信理财发挥渠道优势,为公益项目引入大量高质的投资用户,帮助项目扩充渠道进行筹款。截至

2015 年 5 月,已上线 28 期公益标,累计筹资超过 20 万元,有超过 10000 人进行投资。

金融是为公众服务,惠及于民,让每个人都有机会参与到经济发展过程中,实现社会的共同富裕,所以金融本身就具有公益的属性,发展普惠金融,让每一个人都能够享受金融提供的服务,是国家所大力倡导的。用金融手段解决公益机构的筹款问题,引入金融资源。

公益众筹在中国,路漫漫其修远兮

十八大报告在论及"社会建设"时提出:"加快形成政社分开、权责明确、依法自治的现代社会组织体制。"这是"政社分开"的概念第一次见于党内最高纲领性文件中,也正是从该文件发布的 2012 年之后,才有了关于公益市场化得以讨论的土壤和环境,因为"政社分开"处理的正是政府与市场的边界问题。此前《国务院关于第六批取消和调整行政审批项目的决定》对此作了简明清晰的诠释:"凡公民、法人或者其他组织能够自主决定,市场竞争机制能够有效调节,行业组织或者中介机构能够自律管理的事项,政府都要退出。凡可以采用事后监管和间接管理方式的事项,一律不设前置审批。"明确了政府的职能应仅限于监管和公共服务,其余的应该交给市场和从业者,这样做最大的益处在于降低成本和提高效率。

然而不出所料,前景是光明的,道路是曲折的。尽管政府已经表达了要退一步的信号和意志,但目前的社会团体中大量组织是官办组织,有着强烈的政府背景,执行的也是政府意志,偏离了"非政府非盈利"的轨道。过去一年里,我们在服务了五百多个草根公益组织和个人的同时,也与不少有官方背景的组织接触过,最明显的感受就是他们不懂得如何凸显魅力去吸引一般投资人,以为只要亮出几个盖着大戳的红头文件,自然就有胜人一筹的公信力。然而,往往是这些原原本本地把项目审批书之类的政府文件搬到众筹上来的官办公益组织,难以取得或者说根本无法取得幻想中的成功。并不是反对以政府信誉去为公益行为背书,但是如果不转变思维和语气,不以投资人的观感和诉求为自己工作的出发点,那么在未来只会越发举步维艰。

此外,不论官办还是草根,公益组织普遍面临着能力瓶颈。这瓶颈体现在很多方面上,比如策划能力不足,导致项目单调、重复,依然试图靠眼泪指数赢得同情,而不是把项目当做一个产品去推向市场;比如互动意识欠缺,很多发起人的确踏踏实实地去执行了项目,却没有及时给发起人反馈,这不仅不利于信任关系的建立,也会让公益组织错失发展稳定投资人的机会;再比如,整个公益行业的关注点普遍集中教育、扶贫、疾病救助等领域,因为这些领域的筹资效果往往不错,这就导致很多长期性的、发展性的、具有创新价值的项目鲜少有人去探索。

这不仅是公益组织自己的问题,整个行业都像新生儿一样迈着弱小的步子,迷茫而困惑地打量着新世界。评价孰对孰错、苛责于哪一方都无益于解决问题,任何思想都应该是关于"如何去做"的哲学。我们希望用一己之力,去促成公益组织的成长和思考,也让有意愿投身公益的投资人懂得筛选出这个时代最靠谱的项目。

如果用最简短的话语回答"公益众筹如何做",那么答案是"无它,只有真实和用心"。

生活服务——适合众筹的18个项目类型

此前多次强调过,众筹的原理在于"消费者即投资人"。因此,连接众多消费者的生活服务业,是日常最适合采用众筹模式的创业领域。

以下18个领域,是日常生活中最典型的生活服务业:

1. 美食　包括连锁餐饮开办分店、特色小餐馆和小吃店等;

2. 超市　社区超市,具备24小时送货能力的区域O2O服务等;

3. 汽车　汽车后市场,如洗车、维护、车友会、汽车影院等;

4. 娱乐　演唱会、粉丝会、酒吧、娱乐场所等;

5. 运动　运动会、健身房、游泳馆、体育设施、竞技比赛等;

6. 母婴　幼儿园、游乐园等;

7. 美发　美发店、美容店等；

8. 保姆　保姆培训、保姆服务、厨艺上门等；

9. 美甲　美甲店等；

10. 家具　生活馆、家具定制、家具租用等；

11. 物业　物业管理、公共活动设施、社区服务等；

12. 水电　饮水机、送水站、充电桩、充电站等；

13. 服装　特色服装店、婚纱店等；

14. 电影　电影院、音像店、观影会等；

15. 旅游　旅行社、旅行车、旅行团、特殊景点、城市休闲农庄等；

16. 票务　售票点、联席通票、演出票务等；

17. 家政　家政机构、社区服务站等；

18. 蔬菜　果蔬店、定制果蔬、特色农产品、农场定制等。

这些领域，首先都符合采用奖励众筹模式集聚早期用户，并在经营过程中，从支持者中挖掘股权众筹或者奖励众筹的投资人。

由于这些领域都是强现金流的业务模式，因此在项目设计中，可以大量采用债权众筹＋定期分红的模式，为投资人带来显性的投资价值。例如：

1. 出让 X% 的股权的收益权（等于股权质押），进行众筹。

2. 根据投资额，给予年化不低于 12% 的直接回报，按照每月 1% 的方式逐月支付；根据季度或者年度，再根据盈利进行另外分红。

3. 中途允许投资人退出，在提出申请退出之后 3 个月内清算本息（活期利息）。

4. 连锁店管理公司或第三方实力企业负责担保。

5. 允许大额投资人在投资满 6 个月后提出转股，实际进入工商股份。

这种模式下，尽量减少股权稀释。因为此前已经强调过，股权融资的成本，是大于债权融资的。所以，宁愿付较高利息，不轻易出让股份。

第五章 资源

可信赖的众筹平台介绍

1. 众筹网（zhongchou.com）是中国最具影响力的综合众筹服务平台，网信金融集团成员企业，成立于 2013 年。

截止到目前，众筹网累计完成 8019 个众筹项目，占据国内众筹市场绝对领先份额。

众筹网通过线上公益众筹、奖励众筹、股权众筹、房产众筹和线下的众筹大学、原始部落孵化器、原始人创投基金结合，致力于建设创业者生态体系，完成从创意到创业、投融资到挂牌上市的全系列金融服务。

2. 天使汇（www.angelcrunch.com）是中国起步最早、规模最大、融资最快的天使投资和股权众筹平台，于 2011 年 11 月正式上线运营。

截止到 2015 年 3 月底，天使汇已帮助 300 多个创业项目完成融资，融资总额突破 30 亿元人民币。平台上注册的创业者超过 10 万名，登记创业项目 33000 多个,认证投资人 2200 多名,全国各地合作孵化器过 200 家。

3. 淘宝众筹要追溯到 2013 年"双 12"的一个分会场"淘星愿",当时林志颖发起出书的心愿,赢得粉丝疯狂预购。到 2014 年 3 月份时,已有一些小有名气的淘星愿改名为淘宝众筹,但当时并没有一个明确的方向去做什么。

2014 年 9 月,淘宝众筹确定了科技、农业、娱乐、公益等 5 个关注点。截至 2015 年 3 月份,淘宝众筹共有 877 个项目上线筹款,累计金额过亿元,由于科技类产品的高价值,其在淘宝众筹上占到 90% 的资金比例,其中估值过亿的科技类商家目前已超过了 20 个。

4. 京东众筹发源于京东商城,于 2014 年 7 月 1 日发布,属于京东金融业务板块之一。

京东众筹得益于其在 3C 数码领域的电子商务优势,拥有极高的用户流量,因此在科技产品众筹领域,一经发布就取得了重大的成功。目前,正在逐步探索包括出版众筹等京东商城具有优势的产品品类。

京东股权众筹在 2015 年 3 月发布了股权众筹业务。

5. 中证众筹是中国证券业协会下属中证机构间报价系统股份有限公司负责运营的众筹中介服务平台。

根据证监会关于股权众筹的管理指导,中国证券业协会将承担股权众筹市场的自律规范管理。

由于当前众筹服务的管理规范未予颁布,因此民间打着众筹旗号的机构和组织众多。在此仅选取具备强大资源和背景,以及拥有实际运营经验,且行为较为规范的众筹平台给予推介。

融资方有权自行甄别、选择更多合法、合规的众筹平台。

如何计算早期投资时的企业估值

在进行股权众筹时,早期企业的估值是重要的节点,也是吸引投资人的关键点。

在此介绍一下常见的 14 种估值方法：

一、14 种评估方法

1、500 万元上限法

这种方法要求绝对不要投资一个估值超过 500 万的初创企业。由于天使投资家投资时的企业价值与退出时的企业价值决定了天使投资家的获利，当退出时企业的价值一定的情况下，初始投资时的企业定价越高，天使投资家的收益就越低，当其超过 500 万元时，就很难获得可观的利润。

这种方法好处在于简单明了，同时确定了一个评估的上限。

2、博克斯法

这种方法是由美国人博克斯首创的、对于初创期的企业进行价值评估的方法，典型做法是对所投企业根据下面的公式来估值：

一个好的创意 100 万元

一个好的盈利模式 100 万元

优秀的管理团队 100 万 ~200 万元

优秀的董事会 100 万元

巨大的产品前景 100 万元

加起来，一家初创企业的价值为 100 万元 ~600 万元。

这种方法的好处是将初创企业的价值与各种无形资产的联系清楚地展现出来，比较简单易行，通过这种方法得出的企业价值一般比较合理。

3、三分法

是指在对企业价值进行评估时，将企业的价值分成三部分：通常是创业者、管理层和投资者各 1/3，将三者加起来即得到企业价值。

4、200 万 ~500 万标准法

许多传统的天使投资家投资企业的价值一般为 200 万 ~500 万元，这是有合理性的。如果创业者对企业要价低于 200 万元，那么或者是其经验不够丰富，或者企业没有多大发展前景；如果企业要价高于 500 万元，那么由 500 万元上限法可知，天使投资家对其投资不划算。

这种方法简单易行,效果也不错。但将定价限在 200 万 ~500 万元,过于绝对。

5、200 万 ~1000 万网络企业评估法

网络企业发展迅速,更有可能迅速公开上市,在对网络企业进行评估时,天使投资家不能局限于传统的评估方法,否则会丧失良好的投资机会。考虑到网络企业价值起伏大的特点,即对初创期的企业价值评估范围由传统的 200 万 ~500 万元,增加到 200 万 ~1000 万元。

6、市盈率法

主要是在预测初创企业未来收益的基础上,确定一定的市盈率来评估初创企业的价值,从而确定投资额。市盈率就是股票价格相当于每股收益的倍数。

7、实现现金流贴现法

根据企业未来的现金流、收益率,算出企业的现值作为企业的评估价值。

这种方法的好处是考虑了时间与风险因素,不足之处是天使投资家要有相应的财务知识,并且这种方法对要很晚才能产生正现金流的企业来说不够客观。

8、倍数法

用企业的某一关键项目的价值乘以一个按行业标准确定的倍数,即得到企业的价值。

9、风险投资家专用评估法

这种方法综合了倍数法与实体现金流贴现法两者的特点。具体做法:

(1)用倍数法估算出企业未来一段时间的价值,如 5 年后价值 2500 万元。

(2)决定你的年投资收益率,算出你的投资在相应年份的价值。如你要求 50% 的收益率,投资了 10 万,5 年后的终值就是 75.9 万元。

(3)现在用你投资的终值除以企业 5 年后的价值,就得到你所应该拥

有的企业的股份,75.9÷2500=3%

这种方法的好处在于,如果对企业未来价值估算准确,对企业的评估就很准确,但这只是如果。这种方法的不足之处是比较复杂,需要较多时间。

10、经济附加值模型

表示一个企业扣除资本成本后的资本收益,即该企业的资本收益和资本成本之间的差。站在股东的角度,一个企业只有在其资本收益超过为获取该收益所投入的资本的全部成本时才能为企业的股东带来收益。

这种估值方法从资本成本、收益的角度来考虑企业价值,能够有效体现出天使投资家的资本权益受益,因此很受职业评估者的推崇。

11、实质 CEO 法

是指天使投资家通过为企业提供各种管理等非财务支持以获得企业的一定股权,这种天使投资家实际上履行着企业首席执行官的职能,故称之为实质 CEO 法。

这种方法的好处在于,天使投资家只需要付出时间和精力,没有任何财务方面的风险。而且由于持有公司的股份,天使投资家往往被视为与创业者的利益一致而得到信任。不足之处在于,由于天使投资家对企业管理介入很深,介入之前,天使投资家应对企业和创业者做更多的了解工作。

12、创业企业顾问法

和实质 CEO 法很相似,不同之处在于天使投资家对企业介入没有那么深,提供支持没有那么多,相应的天使投资家所获得的股权比例也较低。

这种方法更适合于企业尚未有多大发展,风险比较大时。

13、风险投资前评估法

是一种相对较新的方法,在这种方法中,天使投资家向企业投入大量资金,却不立即要求公司的股权,也不立即要求对公司估值。

这种方法的好处是避免了任何关于企业价值、投资条款的谈判,不足之处是天使投资家无法确定最终的结果如何。

这是很多成功天使投资家常用的方法。

14、O.H 法

这种方法是由天使投资家 OH 首先使用的,主要是用于控制型天使投资家,采用这种方法时,天使投资家保证创业者获得 15% 的股份,并保证其不受到稀释,由于天使投资家占有大部分股权,但天使投资家要负责所有资金投入。

这种方法的好处是创业者可以稳稳当当获得 15% 的股份,而控制型天使投资家则获得公司的控制权。不足之处,创业者由于丧失了对公司控制权,工作缺乏动力。

二、评估方法的应用

为了更好阐述上述评估方法的使用和应用范围,比较评估方法的优劣,我们以天使投资家大维所投资的 BCBS 公司为案例,逐一应用上述各种方法对其进行评估。

1、倍数法

由于 BCBS 要先后两次融资,即第一年与第三年,因此需要对其进行两次评估。在 ASP 行业中已经有几家上市公司,他们的营业收入都是可知的,这为采用倍数法对 BCBS 评估提供可能性,采用倍数法对 BCBS 的评估如下:

BCBS 第一年的预期收入:300 万美元

BCBS 第三年的预期收入:13400 万美元

适用于第一年的倍数:21 倍

适用于第一年的倍数:5 倍

第一年的评估价值:300×21=6300 万美元

第三年的评估价值:13400×5=67000 万美元

2、实现现金流贴现法

企业预期 3 年后的利润将达到 800 万美元,这笔利润再乘以一定的倍数就得到企业 3 年后的价值,假设这个倍数是 10,企业 3 年后的价值就是 8000 万美元,在根据一定的贴现率就可以算出其现值。如贴现率是 40%,企业的现值为:

8000×1/(1+40%)3=29154518 美元

如果将倍数,比如说企业第 3 年的价值知识利润的 5 倍,按 40% 的贴现率计算出企业的现值为:

4000×1/(1+40%)3=14577259 美元

3、500 万元上限法

这种方法简单,只要创业者对企业要价低于 500 万美元,那就是企业的价值,由于 BCBS 的创业人沃德要价 200 万美元,因此企业当时的评估价值就是 200 万美元。

4、博克斯法

BCBS 的管理团队比较优秀,但管理团队仅占董事会的半数,企业的创意较好。该公司已经卖出了第一个产品,但不是真正意义上的 ASP 客户交易,因此只能得一半的分。采用博克斯法对企业评估如下

博克斯法对企业的评估

博克斯法对企业的评估		
	满分(百万美元)	BCBS 得分(百万美元)
一个好的创意	1	1
一个好的模式	1	0
一个优秀管理团队	1-2	1
一个优秀董事会	1	0.5
产品销售	1	0.5

表中各项加起来总的得分是 300 万美元

5、三分法

企业先前已有一次融资,数量为 70 万美元。根据三分法,企业的股权由创业者、投资者、管理者均分,即 70 万美元占企业 1/3 的股份,因此企业的价值为 210 万美元。

6、200 万 ~500 万元标准法

大多数天使投资家只投资在 200 万 ~500 万美元的企业,既然沃德要价 200 万美元,那么企业的价值就是 200 万。

7、专业风险投资家专用评估法

专业风险投资家法是倍数法与贴现法的综合运用,用倍数法,根据行业经验,企业第 3 年的价值将是其营业收入(13400 万美元)的 5 倍,那么企业第三年的价值就是 67000 万美元,但是风险投资家会找来专业分析师,他们不会认为企业能值 67000 万美元,一般总比这低。

如果企业第一轮投资者投资 10 万美元,为了获得年 75% 的回报率,那么 3 年后就是 $10 \times (1+75)3=53.6$ 万美元,这占企业股份的 0.36%(53.6/15000),于是企业第一年的价值就是 $10 \div 0.36\%=2778$ 万美元

8、风险投资前评估法

这种方法将企业的评估推迟到下一轮融资之时。BCBS 第二轮融资价值是 1000 万美元,按照 30% 的贴现率,第一轮融资时企业的价值是

$1000 \times (1/1+30\%)=769$ 万美元

三、评估结果

8 种方法的评估结果	
方法	评估价值(万美元)
倍数法	6300
实现现金流贴现法	2915
500 万元上限法	200
博克斯法	300
三分法	210
200 万 ~500 万元标准法	200
专业风险投资家专用评估法	2778
风险投资前评估法	769

实际上,该企业当时的估值是 200 万美元,从上面的结果可以看出,采用简单易行的方法所得结果最接近现实结果,简单易行的方法一般而言,最为简单,消耗精力最少。

而且还是一种后备方法,当觉得采用其他方法不合理时,就可以采用简单易行的方法。因此,500 万元上限法,200 万 ~500 万元标准法,三分法最为适用。实际上,大多数天使投资家也都采用的是简便易行的评估方法。

第六章　众筹的未来

　　众筹,特别是股权众筹,已经逐步成为中小企业、小微企业和个人创业者的融资渠道。

　　根据国家建立多层次融资市场的规划,央行金融研究所所长姚余栋认为:"股权众筹是幼儿园和小学阶段,中学就是步入新四板和新三板,上了大学就到了创业板、中小板和主板市场。"他认为,股权众筹可以定位为五板或新五板,将来可以直接对接新三板。

　　由于新三板的准入门槛要达到 500 万元以上,因此股权众筹可以将 500 万元门槛进行分拆,使得一般投资人可以有投资机会。此外,即便满足不了新三板要求,但是具备成长性的早期项目,可以通过股权众筹完成天使轮或者 Pre-A 轮融资。

　　由于股权众筹与新三板的未来关系日趋紧密,因此最后花一些篇章,普及一下有关新三板的知识。

新三板概述和上市流程

本文汇总了截至 2015 年 3 月 20 日的 65 类常见问题的解答,供参考。

截止时间：2015 年 3 月 20 日

发布部门：全国中小企业股份转让系统有限责任公司

第一部分　拟挂牌公司篇

1. 企业申请挂牌的条件有哪些？

《国务院关于全国中小企业股份转让系统有关问题的决定》(国发〔2013〕49 号,以下简称《国务院决定》)指出："境内符合条件的股份公司均可通过主办券商申请在全国股份转让系统挂牌。" 根据《全国中小企业股份转让系统业务规则(试行)》(以下简称《业务规则》)第 2.1 条规定,股份公司只要符合下列条件即可申请挂牌：

(一)依法设立且存续满两年。有限责任公司按原账面净资产值折股整体变更为股份有限公司,存续时间可以从有限责任公司成立之日起计算。

(二)业务明确,具有持续经营能力。

(三)公司治理机制健全,合法规范经营。

(四)股权明晰,股票发行和转让行为合法合规。

(五)主办券商推荐并持续督导。

(六)全国股份转让系统公司要求的其他条件。

相关内容详见《业务规则》第二章关于股票挂牌的相关规定。

2. 国有企业或者外资企业是否可以申请挂牌？

根据《国务院决定》及《业务规则》相关规定,符合条件的境内股份公司包括民营企业、国有企业和外资企业均可申请挂牌,对国有或外资持股比例、股东背景也无特殊要求。

如申请挂牌的股份公司存在国有股东或外资股东,申请挂牌材料除常规材料以外,需增加"国有资产管理部门出具的国有股权设置批复文件或商务主管部门出具的外资股确认文件"。

3. 公司申请挂牌是否有行业限制?

《国务院决定》及《业务规则》等法律法规、规则均未对申请挂牌公司所属行业做明确限制,但《国务院决定》强调:"全国股份转让系统是经国务院批准,依据证券法设立的全国性证券交易场所,主要为创新型、创业型、成长型中小微企业发展服务。"因此,我们鼓励高新技术产业、现代服务产业、高端装备制造产业等创新强度高、成长空间大的战略性新兴产业及新兴业态企业申请挂牌,同时也欢迎传统行业企业的挂牌申请。

4. 企业如何申请到全国股份转让系统挂牌公开转让?

自全国股份转让系统公司发布《关于境内企业挂牌全国中小企业股份转让系统有关事项的公告》(股转系统公告〔2013〕54号)之日起,境内符合《业务规则》规定的挂牌条件的企业均可申请在全国股份转让系统挂牌。

全国股份转让系统实行主办券商推荐并持续督导制度。企业应与具有推荐业务资格的券商签订《推荐挂牌并持续督导协议》;由主办券商对企业进行初步尽职调查,确认企业是否符合挂牌准入条件以及是否愿意推荐;在此基础上,由主办券商联合律师、会计师等中介机构协助企业完成股改(若需)、进行全面尽职调查并制作申请文件,履行各自内核程序后申报材料。

根据《非上市公众公司监督管理办法》(证监会第96号令)及相关指引,申请时股东人数未超过200人(含200人)的股份公司,直接向全国股份转让系统公司报送材料,证监会豁免核准;申请时股东人数超过200人的股份公司,需向中国证监会报送材料,取得核准文件后,向全国股份转让系统公司申请办理挂牌手续。

5. 已在区域股权转让市场挂牌的公司如何申请在全国股份转让系统挂牌公开转让?

根据《国务院决定》相关规定,在符合《国务院关于清理整顿各类交易场所切实防范金融风险的决定》（国发〔2011〕38号）要求的区域性股权转让市场进行股权非公开转让的公司，符合挂牌条件的，可以申请在全国股份转让系统挂牌公开转让股份。

对于在已通过国务院清理整顿各类交易场所部际联席会议检查验收的区域性股权转让市场挂牌的公司，申请在全国股份转让系统挂牌前须暂停其股份转让（或摘牌）；取得全国股份转让系统公司出具的同意挂牌的函后，必须在办理股份初始登记前完成在区域性股权市场的摘牌手续。

对于在《国务院决定》发布之前，已在尚未通过国务院清理整顿各类交易场所部际联席会议检查验收的区域性股权转让市场挂牌的公司，须在申请挂牌前完成摘牌手续，由主办券商和律师核查其在区域性股权市场挂牌期间是否符合国发〔2011〕38号的规定，并发布明确意见。

对于在《国务院决定》发布之后，在尚未通过国务院清理整顿各类交易场所部际联席会议检查验收的区域性股权转让市场挂牌的公司，全国股份转让系统公司将在该区域性股权转让市场通过国务院清理整顿各类交易场所部际联席会议检查验收后受理其挂牌公开转让的申请。

6. 各地支持企业到全国股份转让系统挂牌的政策是怎样的？

自2013年全国股转公司运营以来，各地均积极参与，相关省市县区、高新区、经开区等均出台了支持企业挂牌政策。相关政策可到企业所在地政府金融主管部门了解具体情况。

7. 申请挂牌公司在挂牌前办理了股权质押贷款，股权处于质押状态，是否对企业挂牌构成影响？已质押的股份应如何办理股份登记？质押股份的限售及解除限售有无特殊规定？

（一）《全国中小企业股份转让系统股票挂牌条件适用基本标准指引（试行）》中规定，申请挂牌公司股权应结构明晰，权属分明，真实确定，合法合规，股东特别是控股股东、实际控制人及其关联股东或实际支配的股东持有公司的股份不存在权属争议或潜在纠纷。

挂牌前，申请挂牌公司的股东可为公司贷款提供股权质押担保，贷款用途为公司日常经营,履行公司决议程序,订立书面质押合同,依法办理出质登记。只要不存在股权纠纷和其他争议,原则上不影响其挂牌。对于存在股权质押情形的,申请挂牌公司应在《公开转让说明书》中充分披露。

(二)《中国结算北京分公司证券发行人业务指南》规定,质押冻结或司法冻结的股份办理股份初始登记时,除需提供常规申报材料外,还须提供质押冻结或司法冻结的相关材料。其中,司法冻结的应提供协助执行通知书、裁定书、已冻结证明等材料及复印件;质押冻结的应提供质押登记申请书、双方签字的已生效的《质押合同》、质押双方有效身份证明文件、已冻结证明等材料及复印件。中国结算北京分公司在完成证券登记后根据发行人的申请办理相关质押冻结、司法冻结手续,即申请挂牌公司应先完成股份初始登记(包括股份首批解除限售),取得《股份登记确认书》后,再申请办理质押冻结、司法冻结手续。

(三)质押冻结股份的限售及解除限售应按照《公司法》及《全国中小企业股份转让系统业务规则(试行)》中的规定办理。满足解除限售条件的质押冻结股份可办理股份解除限售。《中国结算北京分公司证券发行人业务指南》中规定,当解除限售涉及被冻结股份的,被冻结股份不可分拆,只能作为一个整体办理解除限售。

8. 挂牌申请文件中申报的财务报表最近一期是否必须以季度报表、半年度报表或者年度报表为准?

为更好地服务于企业,提升审查服务理念,避免企业集中申报,我们不强制要求最近一期财务报表必须以季度、半年度或者年度报表为准,可以任意月度报表为准,但其最近一期审计截止日不得早于改制基准日。财务报表有效期为最近一期审计截止日后6个月内,特殊情况下可申请延长至多不超过1个月;特殊情况主要是指企业办理信息披露、股份登记等挂牌手续事宜。

为提高工作效率,保证项目审查进度,希望申请挂牌公司、主办券商及其他中介机构根据财务报表有效期和审查时间统筹规划,合理安排申报时间。申请挂牌公司递交申请文件时至财务报表有效期截止日短于两个月的,申请挂牌公司、主办券商及其他中介机构应做好有可能补充审计的准备。为做到审查流程的公平、公正,对于补充审计的申请材料我们将以补充审计回复时间为准安排后续审查程序。

9.2013 年 12 月 30 日全国股份转让系统修订业务规则后,挂牌申请文件目录发生了哪些变化?

对于申请时股东人数未超过 200 人的股份公司,根据最新的《全国中小企业股份转让系统挂牌申请文件目录(适用于申请时股东人数未超过200 人)》,申报文件目录增加了两份文件,一是"2-9 申请挂牌公司全体董事、监事和高级管理人员签署的《董事(监事、高级管理人员)声明及承诺书》",二是"4-6 证券简称及证券代码申请书"。另外,减少 1 份文件,即"向中国证监会提交的申请股票在全国股份转让系统公开转让及定向发行(如有)的报告"。

对于申请时股东人数超过 200 人的股份公司,申报文件请参照《全国中小企业股份转让系统挂牌申请文件目录(适用于申请时股东人数超过200 人)》。

10. 申请挂牌公司全体董事、监事和高级管理人员签署的《董事(监事、高级管理人员)声明及承诺书》应在何时提供?

申请挂牌公司全体董事、监事和高级管理人员签署的《董事(监事、高级管理人员)声明及承诺书》应在报送申请文件时提供,承诺书内容详见我司网站发布的《董事(监事、高级管理人员)声明及承诺书》模板。

11. 申请挂牌公司在完成股份初始登记后,是否需将由中国证券登记结算有限责任公司出具的登记证明文件提交至全国股份转让系统公司?

根据我司 2013 年 12 月 30 日修订的《全国中小企业股份转让系统挂牌申请文件内容与格式指引(试行)》,不再要求将股票登记证明文件作为申请挂牌需提交的文件,申请挂牌公司可自行保管。

12. 申请挂牌公司首次信息披露文件包括哪些内容？

申请挂牌公司应在全国股份转让系统指定信息披露平台（www.neeq.com.cn 或 www.neeq.cc）披露相关文件，其中首次信息披露文件包括：

（1）公开转让说明书；

（2）财务报表及审计报告；

（3）补充审计期间的财务报表及审计报告（如有）；

（4）法律意见书；

（5）补充法律意见书（如有）；

（6）公司章程；

（7）主办券商推荐报告；

（8）定向发行情况报告书（如有）；

（9）全国股份转让系统公司同意挂牌的函；

（10）中国证监会核准文件（如有）；

（11）其他公告文件。

13. 申请挂牌公司二次信息披露文件包括哪些内容？披露时间有何要求？

申请挂牌公司二次信息披露文件包括：

（1）关于公司股票将在全国股份转让系统挂牌公开转让的提示性公告；

（2）关于公司定向发行股票将在全国股份转让系统挂牌公开转让的公告（如有）；

（3）其他公告文件。

二次披露文件时间为 T-1 日，即挂牌前一个交易日。

14. 如果超过反馈回复要求的提交时间，如何申请延期反馈？

如申请挂牌公司无法在规定的时间内提交反馈意见回复，需在截止日期前向我司提交延期回复申请，并由申请挂牌公司盖章。延期回复最长不得超过三十个工作日。

15. 申请挂牌公司在取得全国股转系统公司出具的《同意挂牌的函》后,应如何办理后续挂牌业务? 挂牌日期应如何确定?

申请挂牌公司在取得全国股份转让系统公司出具的《同意挂牌的函》后,应按照我司于 2014 年 5 月 6 日修订的《全国中小企业股份转让系统股票挂牌业务操作指南(试行)》中的要求办理挂牌业务。

挂牌日为取得《股份登记确认书》后的第三个工作日。

16. 申请挂牌公司是否要设独立董事?

全国中小企业股份转让系统对申请挂牌公司是否设立独立董事未做强制要求,申请挂牌公司可根据自身企业特点制定相关规定。

17. 申请挂牌公司在办理股票挂牌业务时应怎样确定公司简称?

申请挂牌公司在向股转系统公司申请证券简称及证券代码时,应填写《证券简称及证券代码申请书》。拟定的证券简称应从公司中文全称中选取不超过四个汉字字符,且不能与已挂牌公司及沪深上市公司证券简称重复。

18. 申请挂牌公司提交的申请文件中对需要签名的文件有何规定?

挂牌申请文件中所有需要签名处,均应为签名人亲笔签名,不得以名章、签名章等代替。

19. 申请挂牌公司提交的申请文件中不能提供原件的应如何操作?

申请挂牌公司不能提供有关文件原件的,应由申请挂牌公司律师提供鉴证意见,或由出文单位盖章,以保证与原件一致。

20. 申请挂牌公司提交的申请文件中需要律师鉴证的文件应如何操作?

挂牌申请文件中需要由申请挂牌公司律师鉴证的文件,申请挂牌公司律师应在该文件首页注明"以下第 XX 页至第 XX 页与原件一致",并签名和签署鉴证日期,律师事务所应在该文件首页加盖公章,并在第 XX 页至第 XX 页侧面以公章加盖骑缝章。

21. 申请挂牌公司在挂牌前应缴纳哪些费用?

申请挂牌公司应当在挂牌日前缴纳按照挂牌首日总股本计算的挂牌初费,同时缴纳挂牌当年的挂牌年费。挂牌年费按照挂牌首日的总股本和实际挂牌月份(自挂牌日的次月起计算)予以折算,即:挂牌当年年费 = 挂牌日总股本对应的年费标准。

挂牌初费及挂牌年费明细表:

收费项目	总股本	收费标准
挂牌初费	2000 万股(含)以下	3 万元
	2000 万 –5000 万股(含)	5 万元
	5000 万 –1 亿股(含)	8 万元
	1 亿股以上	10 万元
挂牌年费	2000 万股(含)以下	2 万元 / 年
	2000 万 –5000 万股(含)	3 万元 / 年
	5000 万 –1 亿股(含)	4 万元 / 年
	1 亿股以上	5 万元 / 年

第二部分　挂牌公司篇

22. 已挂牌公司如何办理股票发行业务?

《全国中小企业股份转让系统股票发行业务细则(试行)》及其配套文件已于 2013 年 12 月 30 日正式发布。挂牌公司应按照《非上市公众公司监督管理办法》《业务规则》及上述细则和配套文件的规定,办理股票发行业务。

23. 全国中小企业股份转让系统挂牌公司如何向沪深交易所直接申请上市交易?

按照国务院决定的精神,全国股份转让系统挂牌公司可以直接申请到证券交易所上市,但上市的前提是挂牌公司必须符合《证券法》规定的股票上市条件,在股本总额、股权分散程度、公司规范经营、财务报告真实性等方面达到相应的要求。

全国股份转让系统坚持开放发展的市场化理念,充分尊重企业的自主选择权。企业可以根据自身发展的需要和条件,自主选择进入不同层次的资本市场。根据股份转让系统业务规则,如挂牌公司向中国证监会申请公开发行股票并在证券交易所上市,或向其他证券交易所申请股票上市,挂牌公司应向全国股份转让系统公司申请暂停转让;如中国证监会核准挂牌公司公开发行股票并在证券交易所上市,或其他证券交易所同意挂牌公司股票上市,全国股份转让系统公司将终止其股票挂牌。上述规则已为挂牌企业转板做出了相应的程序安排。全国股份转让系统将积极协调有关方面,充分创造便利条件,进一步畅通与交易所市场的有机衔接机制。

24. 股权激励是否可以开展?

挂牌公司可以通过定向发行向公司员工进行股权激励。挂牌公司的董事、监事、高级管理人员和核心员工可以参与认购本公司定向发行的股票,也可以转让所持有的本公司股票。挂牌公司向特定对象发行股票,股东人数累计可以超过200人,但每次定向发行除公司股东之外的其他投资者合计不得超过35人。因此,挂牌公司通过定向发行进行股权激励应当符合上述规定。需要说明的是,按照规则全国股份转让系统允许存在股权激励未行权完毕的公司申请挂牌。

25. 大股东解限售有什么相关规定?挂牌前12个月以内的除控股股东及实际控制人之外的股东买卖的股票是否受限制?

根据《公司法》第142条的规定,"发起人持有的本公司股份,自公司成立之日起一年内不得转让……公司董事、监事、高级管理人员应当向公司申报所持有的本公司的股份及其变动情况,在任职期间每年转让的股份不得超过其所持有本公司股份总数的百分之二十五……上述人员离职后半年内,不得转让其所持有的本公司股份……"

根据《业务规则》第2.8条规定,"挂牌公司控股股东及实际控制人在挂牌前直接或间接持有的股票分三批解除转让限制,每批解除转让限制的数量均为其挂牌前所持股票的三分之一,解除转让限制的时间分别为挂牌之日、挂牌期满一年和两年"。

挂牌前十二个月以内控股股东及实际控制人直接或间接持有的股票进行过转让的,该股票的管理按照前款规定执行,主办券商为开展做市业务取得的做市初始库存股票除外。

因司法裁决、继承等原因导致有限售期的股票持有人发生变更的,后续持有人应继续执行股票限售规定。

挂牌公司股东如果符合上述身份或情形的,应按照上述规定进行所持股票的解限售。

26. 挂牌公司变更会计师事务所是否需经全国股份转让系统公司同意?

变更会计师事务所属于挂牌公司自治范畴,不需经全国股份转让系统公司同意,但应履行内部决策程序并进行信息披露。

根据《信息披露细则(试行)》第13条第2款之规定,挂牌公司不得随意变更会计师事务所,如确需变更的,应当由董事会审议后提交股东大会审议。

根据《信息披露细则(试行)》第46条第8款之规定,挂牌公司出现以下情形之一的,应当自事实发生之日起2个转让日内披露:(八)变更会计师事务所、会计政策、会计估值。

27. 挂牌公司涉及仲裁事项,是否需要信息披露?

涉案金额达到《信息披露细则(试行)》披露标准的仲裁事项应当及时披露。根据《信息披露细则(试行)》第37条之规定,挂牌公司对涉案金额占公司最近一期经审计净资产绝对值10%以上的重大诉讼、仲裁事项应当及时披露。未达上述标准,但董事会认为可能对公司股价产生较大影响的,也应及时披露。

28. 挂牌公司认为公共媒体上的有关消息可能对公司声誉产生重大不利影响,且会对公司股价产生较大影响,是否可以发布澄清公告?

可以。根据《信息披露细则(试行)》第40条之规定,公共媒体传播的消息(以下简称"传闻")可能或者已经对公司股票转让价格产生较大影响的,挂牌公司应当及时向主办券商提供有助于甄别传闻的相关资料,并决定是否发布澄清公告。

29. 挂牌公司控股股东以其所持有的占比5%以上的公司股份进行股

权质押贷款,已经披露了董事会决议,是否还需就此事宜发布临时公告?

需要。根据《信息披露细则(试行)》第 46 条第 4 款之规定,"挂牌公司出现以下情形之一的,应当自事实发生之日起两个转让日内披露:……(四)任一股东所持公司 5% 以上股份被质押、冻结、司法拍卖、托管、设定信托或者被依法限制表决权"。需注意的是,临时公告的披露时间应当在董事会作出决议之日起 2 个转让日内。根据《信息披露细则(试行)》第 22 条第 1 款之规定,"挂牌公司应当在临时报告所涉及的重大事件最先触及下列任一时点后及时履行首次披露义务,(一)董事会或者监事会作出决议时……"

30. 挂牌公司定向发行豁免申请核准的条件是什么?豁免申请核准的情形能否进行储架发行?

根据 2013 年 12 月 26 日修订后的《非上市公众公司监督管理办法》第四十五条,在全国中小企业股份转让系统挂牌公开转让股票的公众公司向特定对象发行股票后股东累计不超过 200 人的,中国证监会豁免核准,由全国中小企业股份转让系统自律管理,但发行对象应当符合本办法第三十九条的规定。只要满足上述条件即为豁免申请核准情形。

储架发行即"一次核准,分期发行",适用于核准情形。公司定向发行豁免申请核准的,需在发行验资完毕后向全国股份转让系统报送备案,全国股份转让系统公司审查后出具股份登记函,公司持股份登记函向中国证券登记结算公司办理新增股份的登记及公开转让手续。

31. 挂牌公司董事、监事或高级管理人员发生变化,如何向全国股份转让系统报备?同时为公司股东的,是否需办理限售事宜?

有新任董事、监事及高级管理人员的,挂牌公司应当在两个转让日内联系相应监管员并填写《挂牌公司董监高人员变更报备表》;新任董事、监事应当在股东大会或者职工代表大会通过其任命后五个转让日内,新任高级管理人员应当在董事会通过其任命后五个转让日内签署《董事(监事、高级管理人员)声明及承诺书》并向全国股份转让系统公司报送。

若为公司股东的,离职董事、监事和高级管理人员所持股份应全部办理限售事宜,离职后半年内不得转让;新任董事、监事和高级管理人员所持股份的 75% 应办理限售事宜。

32. 挂牌公司召开股东大会是否需要暂停转让?

一般情况下,挂牌公司召开股东大会无需申请暂停转让。如果出现《业务规则(试行)》第 4.4.1 条规定的情形,则需要申请暂停转让。《业务规则(试行)》第 4.4.1 条之规定:

挂牌公司发生下列事项,应当向全国股份转让系统公司申请暂停转让,直至按规定披露或相关情形消除后恢复转让。

(一)预计应披露的重大信息在披露前已难以保密或已经泄露,或公共媒体出现与公司有关传闻,可能或已经对股票转让价格产生较大影响的;

(二)涉及需要向有关部门进行政策咨询、方案论证的无先例或存在重大不确定性的重大事项,或挂牌公司有合理理由需要申请暂停股票转让的其他事项;

(三)向中国证监会申请首次公开发行股票并上市,或向证券交易所申请股票上市;

(四)向全国股份转让系统公司主动申请终止挂牌;

(五)未在规定期限内披露年度报告或者半年度报告;

(六)主办券商与挂牌公司解除持续督导协议;

(七)出现依《公司法》第一百八十一条规定解散的情形,或法院依法受理公司重整、和解或者破产清算申请。

具体操作流程可参见《暂停与恢复转让业务指南(试行)》。

33. 公司股份限售、解除限售是否都需要以临时公告的形式进行信息披露?

挂牌公司股票限售无需以临时公告形式进行信息披露。挂牌公司股票解除限售应依据《临时公告格式模板——第 2 号挂牌公司股票解除限售公告格式模板》的要求披露临时公告。

34.限售股份的限售期届满时,如何办理解限售手续?

挂牌公司可先行与主办券商联系,我司公司业务部将窗口指导挂牌公司及主办券商办理此项业务。

第三部分 中介机构篇

35.证券公司如何在全国股份转让系统申请业务备案?

根据《全国中小企业股份转让系统主办券商管理细则(试行)》,证券公司在全国股份转让系统开展相关业务前,应当向全国股份转让系统公司申请备案,成为主办券商。

2013年6月14日我司官网上发布了《全国中小企业股份转让系统股主办券商相关业务备案申请文件内容与格式指南》,申请在全国股份转让系统从事主办券商相关业务的证券公司应当按照本指南制作和报送申请文件。证券公司申请文件齐备的,全国股份转让系统公司予以受理。全国股份转让系统公司同意备案的,自受理之日起十个转让日内与证券公司签订《证券公司参与全国中小企业股份转让系统业务协议书》,向其出具主办券商业务备案函,并予以公告。公告后,主办券商可在公告业务范围内开展业务。

36.为股份公司申请挂牌、公开转让、定向发行等业务提供专业意见的会计师事务所或律师事务所是否需要申请核准或备案?

为股份公司向我司申请相关业务提供中介服务的会计师事务所或律师事务所,不需要向我司申请核准或备案。但根据财政部、中国证监会相关规定,会计师事务所执行证券、期货相关业务,必须取得证券、期货业务许可证;根据司法部、中国证监会相关规定,从事证券法律业务的律师事务所及其指派律师,须按照《律师事务所从事证券法律业务管理办法》及《律师事务所证券法律业务执业规则(试行)》要求开展查验、制作和出具法律意见书等执业活动。

37.申请挂牌公司做股份公司改制的会计师事务所是否必须取得证

券、期货相关业务资格?

对于企业股改的会计师事务所是否具有证券、期货相关业务资格,全国股份转让系统公司无强制性要求;但申请挂牌时向我司提交的财务报告应当经具有证券、期货相关业务资格的会计师事务所审计。

38. 官网上的《持续督导协议书》可以修改吗?

我司官网上的《持续督导协议书》模板为参考文本,主办券商与挂牌公司协商一致,可根据实际情况在不违反持续督导基本原则的基础上进行细化、丰富。

39. 项目负责人资格中,"具有主持境内外首次公开发行股票或者上市公司发行新股、可转换公司债券的主承销项目经历"中的"主持"如何界定?

对于实行保荐制之前的境内主承销项目,由主办券商出具"主持"的说明;对于实行保荐制之后的境内主承销项目,"主持"限于保荐项目的签字保荐代表人或者作为项目协办人参与保荐项目并签字的准保荐代表人;对于境外主承销项目,由主办券商出具"主持"的说明。

以上所称主承销项目,必须是已经发行成功的首次公开发行股票或者上市公司发行新股、可转换公司债券主承销项目。

40. 项目负责人资格中,"参与两个以上推荐挂牌项目,且负责财务会计事项、法律事项或相关行业事项的尽职调查工作",每个项目可能有多名注册会计师、多名律师或者多名行业分析师参与,但是必须是负责财务会计事项的注册会计师(唯一)、负责法律事项的律师(唯一)或者负责行业事项的行业分析师(唯一)且在尽职调查报告扉页签字才符合要求?

是。根据《全国中小企业股份转让系统主办券商推荐业务规定(试行)》第七条和第十八条,项目小组成员中注册会计师、律师和行业分析师至少各一名,项目小组中应指定注册会计师、律师、行业分析师各一名负责对申请挂牌公司的财务会计事项、法律事项、相关行业事项进行尽职调查,并承担相应责任。

41. 按照规定"行业分析师应具有申请挂牌公司所属行业的相关专业知识,并在最近一年内发表过有关该行业的研究报告",其中"相关专业知识"和"发表"如何认定?

行业分析师是否具有相关专业知识由主办券商自行评价。发表的"研究报告"应针对拟推荐公司所属行业,行业分类应对照中国证监会发布的《上市公司行业分类指引》,具体到大类编码(为单字母加两位数字编码)。研究报告可以为行业研究报告或公司研究报告。行业研究报告应侧重于对行业特点及未来发展趋势、行业发展的影响因素、行业竞争状况、行业技术水平及技术特点、经营模式等方面的研究。公司研究报告应为对与拟推荐公司主营业务相同或相似的公司在市场、产品与技术等方面的研究报告。研究报告应在公开出版刊物或主办券商内部研究刊物上发表。研究报告应作为行业分析师任职资格的证明材料于报送推荐文件时一并提交。

42. 项目组中的律师、注册会计师,是否通过国家司法考试、注册会计师全科考试合格即可? 不需要曾经在事务所执业取得执业资格证书?

是。

43. 从事全国股份转让系统推荐业务的可担任项目小组负责人或者三师发生变动,应如何进行报备?

根据《全国中小企业股份转让系统主办券商管理细则(试行)》第十条,主办券商所披露信息内容发生变更的,应自变更之日起五个转让日内报告全国股份转让系统公司并进行更新。主办券商可通过推荐业务联络人向全国股份转让系统公司机构业务部报告,经核对后在指定信息披露平台进行更新披露。

44. 如何申请成为全国股份转让系统的做市商?

根据《全国中小企业股份转让系统主办券商管理细则(试行)》,证券公司申请在全国股份转让系统从事做市业务应具备下列条件:

(1)具备证券自营业务资格;

（2）设立做市业务专门部门，配备开展做市业务必要人员；

（3）建立做市股票报价管理制度、库存股管理制度、做市风险监控制度及其他做市业务管理制度；

（4）具备符合全国股份转让系统公司要求的做市交易技术系统；

（5）全国股份转让系统公司规定的其他条件。

目前，由于相关技术系统开发原因，我司暂不接受做市业务申请。具体申请做市业务的规定将在条件成熟时公布。

45. 主办券商所披露信息内容（如注册资本、法定代表人等）发生变更的，应如何进行报备？

根据《全国中小企业股份转让系统主办券商管理细则（试行）》第十条，主办券商所披露信息内容发生变更的，应自变更之日起五个转让日内报告全国股份转让系统公司并进行更新。主办券商可通过推荐业务联络人向全国股份转让系统公司机构业务部报告，经核对后在指定信息披露平台进行更新披露。

46. 主办券商的内核机构成员发生变动，应如何进行报备？

根据《全国中小企业股份转让系统主办券商推荐业务规定（试行）》第十四条，主办券商内核机构工作制度或内核成员发生变动的，主办券商应及时报全国股份转让系统公司备案，并在五个工作日内更新披露。主办券商可通过推荐业务联络人向全国股份转让系统公司机构业务部报告，经核对后在指定信息披露平台进行更新披露。

47. 拟挂牌公司或者已挂牌公司更换主办券商的操作流程？

拟挂牌公司在申请挂牌前更换主办券商的，与主办券商自行商定，无须报告全国股份转让系统公司。

全国股份转让系统实行主办券商制度，主办券商需要在推荐公司挂牌后，对其履行持续督导义务，全国股份转让系统公司鼓励挂牌公司与主办券商建立长期稳定的持续督导关系，除主办券商不再从事推荐业务或者挂牌公司股票终止挂牌两种规定情形外，双方不得随意解除持续督导协议。主办券商与挂牌公司因特殊原因确需解除持续督导协议的,双方应协商一致,且有其他主办券商愿意承接督导工作,事前报告全国股份转让系统公司并说明理由。具体操作流程参见我司 2014 年 4 月 1 日发布的《全国中小企业股份转让系统主办券商和挂牌公司协商一致解除持续督导协议操作指南》。

48. 根据《全国中小企业股份转让系统投资者适当性管理细则》第十五条规定,"主办券商应当妥善保存业务办理、投资者服务过程中风险揭示的语音或影像留痕",具体如何操作?

为确保主办券商切实履行投资者适当性管理义务,明确业务开展过程中的权责关系,保护主办券商与投资者的正当权益,原则上要求从业务开通前的投资者教育直至投资者终止业务,主办券商应全程记录对投资者进行风险揭示的语音和影像留痕。

具体执行过程中,综合考虑行业通行做法,主办券商至少应做好业务开通前对投资者进行风险揭示的语音或影像留痕,以及业务开通时投资者本人的影像留痕。鼓励主办券商探索投资者服务过程中风险揭示留痕的新形式。

第四部分 投资者篇

49. 投资者如何参与全国中小企业股份转让系统? 具体办理流程是怎样的?

投资者参与全国中小企业股份转让系统的具体流程如下:

(一)投资者选择一家从事全国中小股份转让系统经纪业务的主办券商(名单可在 www.neeq.com.cn 查阅),申请开通全国中小企业股份转让系统挂牌公司股票买卖权限,主办券商将依据《全国中小企业股份转让系统投资者适当性管理细则(试行)》相关规定进行审查,符合条件的,方可为投资者办理开通手续。

(二)目前,投资者参与挂牌公司股票公开转让,应开立深圳市场人民币普通股票账户。

（三）经审查符合投资者准入标准的投资者应当与主办券商签订《买卖挂牌公司股票委托代理协议》以明确双方的权利和义务。投资者在签订该协议前，应认真阅读并签署《挂牌公司股票公开转让特别风险揭示书》。

50. 投资者在全国股份转让系统买卖挂牌公司的股票如何收费？

根据《全国中小企业股份转让系统有限责任公司有关收费事宜的通知》（股转系统公告【2013】7 号）的有关规定，投资者在全国股份转让系统进行股票转让，需向我司按成交金额的一定比例缴纳转让经手费，我司按股票转让成交金额的 0.5‰双边收取（佣金由券商按其标准收取）。

51. 投资者适当性管理何时实施？具体要求？

《投资者适当性管理细则》已于 2013 年 2 月 8 日发布施行，并于 2013 年 12 月 30 日修改，明确了参与挂牌公司股票公开转让和参与挂牌公司股票定向发行的投资者。

参与挂牌公司股票公开转让的投资者：

（1）注册资本 500 万元人民币以上的法人机构或实缴出资总额 500 万元人民币以上的合伙企业；

（2）集合信托计划、证券投资基金、银行理财产品、证券公司资产管理计划，以及由金融机构或者相关监管部门认可的其他机构管理的金融产品或资产；

（3）投资者本人名下前一交易日日终证券类资产市值 500 万元人民币以上，且具有两年以上证券投资经验，或具有会计、金融、投资、财经等相关专业背景或培训经历。

参与挂牌公司股票定向发行的投资者：

（1）《非上市公众公司监督管理办法》第 39 条规定的投资者；

（2）符合参与挂牌公司股票公开转让条件的投资者。

52. 原在中关村试点进行交易的投资者如果不符合新的投资者适当

性的相关规定,如何参与交易?

与中关村试点相比,全国股份转让系统对机构投资者设置了一定的财务指标要求,对自然人投资者从财务状况、投资经验等维度设置准入要求。

对某些原在中关村试点进行交易的投资者,如不符合现行的投资者适当性管理要求。根据《全国中小企业股份转让系统投资者适当性管理细则(试行)》(以下简称《投资者适当性管理细则》)第 7 条规定,《投资者适当性管理细则》发布前已经参与挂牌公司股票买卖机构投资者和自然人投资者在重新签署《买卖挂牌公司股票委托代理协议》和《挂牌公司股票公开转让特别风险揭示书》后,原有交易权限不变。

53. 依据最新的投资者适当性要求,自然人投资者需持有 500 万元的证券类资产,此前已经参与全国股份转让系统但不满足上述条件的自然人该如何处理? 涉及股票发行业务的该如何处理?

2013 年 12 月 30 日《关于境内企业挂牌全国股转系统有关事项的公告》发布前,满足 300 万元人民币以上(含 300 万元)资产要求且已参与全国股份转让系统的自然人投资者,合格投资人资格继续有效,可以买卖所有挂牌公司的股票。

涉及股票发行业务的,2013 年 12 月 30 日之前股票发行方案尚未经挂牌公司董事会决议通过的,发行对象应当满足修订后的《适当性管理细则》的要求。挂牌公司的股东、董事、监事、高级管理人员及核心员工参与本公司的股票发行,如不符合参与挂牌公司股票公开转让条件的,只能买卖本公司的股票。

54. 全国股份转让系统协议转让方式下有什么委托类型,如何成交?

根据《全国中小企业股份转让系统股票转让细则(试行)》第七十五条的规定,协议转让方式下,投资者委托分为意向委托、定价委托和成交确认委托。

意向委托是指投资者委托主办券商按其指定价格和数量买卖股票的意向指令,意向委托不具有成交功能。考虑到市场各方业务技术准备情况,协议转让方式下意向委托与意向申报的规定暂未实施。

定价委托是指投资者委托主办券商按其指定的价格买卖不超过其指定数量股票的指令。

成交确认委托是指投资者买卖双方达成成交协议,或投资者拟与定价委托成交,委托主办券商以制定价格和数量与指定对手方确认成交的指令。

投资者可委托主办券商进行买卖委托。投资者达成转让意向的,可各自委托主办券商进行成交确认申报。投资者拟与定价委托成交的,可委托主办券商进行成交确认申报。全国股份转让系统对通过验证的成交确认申报和定价申报信息进行匹配核对,核对无误的,全国股份转让系统予以确认成交。每个转让日15:00,全国股份转让系统对证券代码和申报价格相同、买卖方向相反的未成交定价申报进行匹配成交。

55. 是否可以通过互报成交确认申报方式成交不足1000股的股票?

根据《全国中小企业股份转让系统股票转让细则(试行)》第二十八条的规定,买卖股票的申报数量应当为1000股或其整数倍。卖出股票时,余额不足1000股部分,应当一次性申报卖出。因此,在投资者证券账户某一股票余额不足1000股时,可以一次性成交不足1000股的股票。除此之外,每笔委托数量应为1000股或其整数倍。

协议转让方式下的余股申报,举例说明如下:

例1:投资者余股2500股。此时,投资者可以一次性申报卖出2500股;也可以先申报卖出2000股,再申报卖出500股,但不能先申报卖出500股,再申报卖出2000股。

例2:投资者余股500股。此时,投资者只能一次性申报卖出500股,不能进一步拆细,如先申报卖出200股,再申报卖出300股。

例 3：投资者余股 500 股且一次性定价申报卖出。此时，对手方拟与之成交的，需进行成交确认申报，申报数量应当为 1000 股或其整数倍，不能小于 1000 股（如 500 股、600 股）。

例 4：投资者者余股 500 股，该投资者与其他投资者协商一致，拟通过互报成交确认申报方式成交，买卖双方进行成交确认申报的数量均可以且只应为 500 股。

56. 新交易系统上线的时间安排？

全国股份转让系统新交易结算系统已于 2014 年 5 月 19 日正式投入运行，首先推出挂牌股票协议转让。后续的做市转让、竞价转让将在新的交易平台上陆续开发推出。全国股份转让系统公司和中国结算正抓紧推进做市转让方式有关业务和技术准备，计划在 8 月份实施做市转让方式。

57. 境外机构和外国人是否可以直接参与定向增发及交易？外资股东如何办理开具股票交易账户？

全国股份转让系统公司是经国务院批准设立的全国性证券交易场所，所有符合《合格境外机构投资者境内证券投资管理办法》和《人民币合格境外机构投资者境内证券投资试点办法》规定的合格境外机构投资者（QFII）和人民币合格境外机构投资者（RQFII）均可参与。外资股东办理证券账户应遵照中国证券登记计算有限责任公司《关于外国战略投资者开 A 股证券账户等有关问题的通知》。

58.《全国中小企业股份转让系统股票转让细则（试行）》何时实施？

《全国中小企业股份转让系统股票转让细则（试行）》（以下简称《转让细则》）已于 2014 年 5 月 19 日起正式实施。

考虑到市场各方业务技术准备情况，《转让细则》中关于做市转让方式的规定，以及协议转让方式下意向委托与意向申报的规定，将待完成相关技术开发和测试后实施。具体时间由全国股份转让系统公司另行通知。

股票采取竞价转让方式的，应当符合规定的条件，具体条件由全国股份转让系统公司另行制定。《转让细则》中关于竞价转让方式的规定,将待有关条件明确后实施。

在全国中小企业股份转让系统进行转让的两网公司和退市公司股票转让相关制度不变,仍按《全国中小企业股份转让系统两网公司及退市公司股票转让暂行办法》执行。

自《转让细则》实施之日,《全国中小企业股份转让系统过渡期股票转让暂行办法》同时废止。

第五部分　其他

59. 全国股份转让系统与区域性股权转让市场的关系?

全国股份转让系统与区域性股权转让市场均是多层次资本市场的有机组成部分。全国股份转让系统是经国务院批准,依据证券法设立的全国性证券交易场所,主要为创新型、创业型、成长型中小微企业发展服务。境内符合条件的股份公司均可通过主办券商申请在全国股份转让系统挂牌,公开转让股份,进行股权融资、债权融资、资产重组等。挂牌公司依法纳入非上市公众公司监管,股东人数可以超过 200 人,股份可以按照标准化交易单位持续挂牌交易,且不设 T+5 规定。区域性股转转让市场是由地方人民政府批准设立,自行监管的股权转让市场。根据《国务院关于清理整顿各类交易场所切实防范金融风险的决定》(国发〔2011〕38 号),区域性场外市场必须严格执行“非公众、非标准、非连续”的原则,即挂牌公司股东人数不允许超过 200 人;不得将股份按照标准化交易单位持续挂牌交易;且任何投资者买入后卖出或卖出后买入同一交易品种的时间间隔不得少于 5 个交易日。

60. 如何到全国股份转让系统参观考察?

全国股份转让系统市场发展部为接待政府或企业来访的主要承办部门。来访单位可发送传真至 010-63889650,提出参观考察需求,明确来访时间、座谈主题、来访人员名单及职务(级别)等信息。

61. 如何参加全国中小企业股份转让系统举办的培训?

对于主办券商等中介机构,主要由我司机构业务部负责相关培训,相关培训事宜一般由机构业务部直接通知相关单位。对于中介机构以外的其他市场参与人,主要由我司市场发展部负责培训,相关培训活动信息可与当地金融主管部门、证监会派出机构等联系确认,或向我司市场发展部咨询:010-63889551。

62. 地方应如何邀请全国股份转让系统专家做宣讲和座谈?

有宣讲、座谈需求的单位可以直接将邀请函和活动方案传真至010-63889650,我司市场发展部收悉后将及时与之联系并处理。

63. 怎么查询我司挂牌企业2012年及以前年度的公司公告?

请登录全国股份转让系统官方网站www.neeq.com.cn,在"信息披露"栏目下点击"更多"按钮,即可按照公司简称、代码、公告时间段等分类标准对公司公告进行查询。

64. 如何查询全国股份转让系统的相关交易数据?

作为股转系统向市场提供信息服务的一部分,全国股份转让系统确有报价及交易数据发布的考虑。伴随着交易系统的建设,针对不同的市场参与人和需求,其具体的发布形式、内容、时效、承载方式以及服务费用还在制定、设计中。这方面的信息服务策略一旦确定,会及时组织相应发布系统的开发实施,尽快尽好地为市场参与者和关注者提供服务。

我公司的官方网站www.neeq.com.cn,是发布系统动态、法律规则、业务资讯等信息的重要渠道,是相关参与者信息披露的重要平台。在过渡期内,用户可以通过网站中相关链接的引导,查询到历史或当天的报价及成交情况。随着业务的开展和运营的需要,网站的布局、功能等也会不断改进、完善。

65. 全国中小企业股份转让系统公司网站委托成交栏目下市场总貌中成交金额数据统计口径是什么?

按照自然年度统计,2013 年数据为自 2013 年 1 月 4 日至最近交易日成交金额的合计数。

新三板、E 板、Q 板、前海交易中心的区别

自从新三板概念火了之后,创业企业掀起了"挂牌上市"热潮。但是基于国情,鱼龙混杂、泥沙俱下,不少无良中介商开始利用社会上普遍金融知识缺乏的现状,用各种"板"、各种"市"来忽悠民众。

这里,就简要地把最新流程的几个词汇"新三板"、"四板"、"E 板"、"Q 板"和"深圳前海交易中心"做个普及。

新三板:"新三板"称为"全国中小企业股份转让系统"原来只针对国家高新园区内的企业,现在已向全国放开。

四板:区域股权托管交易中心。目前大部分省都已经建立。

E 板和 Q 板:上海股权托管交易中心作为四板市场,建立了 Q 板及 E 板两大板块:中小企业股权报价系统(Q 板),和非上市股份有限公司股份转让系统(E 板)。由于 E 板取得了比较好的运用成果,所以正在酝酿推出的新四板会参照 E 板的规则。

前海股权交易中心:是在深圳前海深港现代服务业合作区建设的国有企业控股、市场化运作的区域性交易市场,于 2012 年 5 月 15 日揭牌。在前海股权交易市场挂牌之后,可以以私募和直销的方式发债、发股融资,灵活、简便、高效、低成本地筹集所需资金。

项目	新三板	E 板	Q 板	前海
开头	430 开头	1A 开头	2 开头	660 开头
代码	830 开头	100 开头		
名称	全国中小企业股份转让系统	非上市股份有限公司股份转让系统	中小企业股权报价系统	前海股权交易中心
运营管理机构	全国中小企业股份转让系统有限责任公司	上海股权托管交易中心	上海股权托管交易中心	深圳股权托管交易中心

挂牌条件	1. 存续满两年 2. 业务明确,具有持续经营能力 3. 股权明晰 4. 治理规范,合法合规经营 5. 主办券商持续督导	1. 业务基本独立,具有持续经营能力 2. 不存在显著的同业竞争、显失公允的关联交易、额度较大的股东侵占资产等损害投资者利益的行为 3. 在经营和管理上具备风险控制能力 4. 治理结构健全,运作规范 5. 股份的发型、转让合法合规 6. 注册资本中存在非货币出资的,应设立满一个会计年度 7. 上海股交中心要求的其他条件 注:(1)注册资本、实收资本和净资产均不低于500万元的股份有限公司,(2)注册资本、实收资本或净资产低于500万元的股份有限公司。这两种状态的股份有限公司均可进入股份转让系统挂牌,为区分起见将在股份转让系统中使用不同的股份代码。	五个否定 1. 无固定办公场所 2. 无满足运作的人员 3. 被吊销执照或其他执业证照 4. 有重大违法违规行为或被予以严重处罚 5. 董监高存在违反法律要求的情形	1. 存续满一年 2. 业务明确,具有持续经营能力 3. 股份发行和转让行为合法合规 4. 治理结构健全运作规范 5. 公司具有独立性
推荐机构	股转系统确认的证券公司	证券公司、银行、投资机构	投资机构	证券机构为主
企业形式	股份有限公司	股份有限公司	企业形态多样化(有限责任公司、股份有限公司或其他组织或机构均可)	企业形态多样化
申报材料	1. 公开转让说明书 2. 推荐报告 3. 法律意见书 4. 审计报告等	1. 股份转让说明书 2. 尽调报告及底稿 3. 法律意见书 4. 审计报告等	1. 企业基本情况说明书 2. 推荐意见	1. 企业挂牌说明书 2. 公司章程 3. 审计报告 4. 法律意见书

信息披露	1. 挂牌前(申报材料前4项)	1. 挂牌前(申报材料1.3.4及章程)	企业自主选择性信息披露	不像交易所市场实行强制信息披露制度,企业信息只需对投资人定向披露
	2. 强制性信息披露(定期报告+临时报告)	2. 强制性信息披露【定期报告(年报、半年报)+重大事项临时报告】		
挂牌费用	100-200万+督导费	100-150万+督导费	6-10万+督导费(1万)	100-300万+督导费
挂牌时间	6个月	6个月	15-30天	2-3个月
股东人数	可以超过200人	不超过200人	不超过200人	可以超过200人
审核备案机构	全国股份转让系统审核备案	上海股权托管交易中心审核,上海金融办备案	上海股权托管交易中心审核,上海金融办备案	前海股权交易中心审核委员会核准,并报深圳市人民政府金融发展服务办公室备案
融资方式	定向增发、股权质押、信用贷款	定向增发、股权质押、信用贷款中小企业债	定向增发、股权质押、信用贷款中小企业债	定向增发、股权质押、信用贷款、以私募和直销的方式发债、发股融资
投资群体	机构投资者,个人投资者(500万的资产证明)	机构投资者,个人投资者(50万的资产证明)	机构投资者,个人投资者(50万的资产证明)	机构投资者,个人投资者

简单地说:

挂了主板(A股)就是富豪,挂了中小板和创业板已经是高富帅。这三种融资方式才叫作"上市",即公开市场交易。其他的都是场外交易,只能叫"挂牌"。

挂了新三板,算是被估了值,能不能最终变成高富帅和富豪,还要看下一步自己的实际业绩,以及做市商的水准。

E板、Q板和前海交易中心,挂牌条件较低,一般正常经营企业均可以尝试。尤其像Q板,基本没有信息披露要求,权当是买个帽子戴着玩,冷暖自知。

孵化器的主要类别和运营方式

清科研究中心对孵化器类别发布了一个报告,将目前孵化器类型分为6类:

模式一:企业平台型

模式现状

企业主导型孵化器是指基于企业现有先进技术资源,通过技术扶持,衬以企业庞大的产业资源,为创业者提供高效便捷的创新创业服务。该模式孵化器的主导者通常为大型科技企业,拥有雄厚的资金实力,前期不追求初创企业为孵化器带来盈利,而着眼于鼓励创业在其现有先进技术平台上实现突破,实现创新。目标是未来能为孵化器主导者带来新模式,为上游企业带来新技术。而主导企业在孵化器中亦可寻觅有助于打造未来新型业务模式的潜力股,优先获得创新资源为主导企业实现突破。

现阶段例如中国移动、电信、联通、百度、腾讯等科技型企业都已着手建立旗下孵化器,吸引了大批的创业者加入。

模式特点——大企业资源支持 + 内/外部孵化结合

作为培植创新项目的方式之一,企业为创业者提供的是"开放技术平台 + 产业资源",孵化的运作模式与大多数"风险投资"不同,需要"导师"和"训练",优劣兼具。

企业型孵化器一般拥有高水平的管理团队、较强的专业顾问辅导能力,既能为重大关键技术转化提供种子资金,又能帮助创业项目提升抗风险能力,为其配置更多社会优质资源。依赖孵化器主导企业强大的资金和平台支持,形成具备创业项目天然"培养皿"的必要条件。

在发展模式的创新上,企业主导型孵化器重视企业内部的创新基因的延续以及自下而上的草根创意机制,例如百度内部提出了创意征集、资源支持和平台扶持的三步走策略。在内部孵化培育一批新的项目,从而形成平台带动项目,项目促进平台发展的内部创新良性循环。

因此,盈利并不是其最终目的,依靠先进的技术招揽人才,发掘创意,形成优质项目流入端口,从"小而精"的创业企业上获取用户流量,获得资源扩大市场占有率才是该类型孵化器的最终目标。

典型孵化器:腾讯众创空间

模式二:"天使 + 孵化"型

模式现状

"天使 + 孵化"模式孵化器主要是效仿美国等发达国家孵化器的成功模式。该类孵化器通常由民间资本或教育类机构,例如各大创投机构或高校主导,为创业者引进成功创业者,大型企业高管或创业投资人等具有丰富行业或创业经验人士作为导师,传授创业者运营管理、产品设计、发展策略等经验,意在预估创业障碍,降低创业风险,提升投资成功率,为创业者和投资人实现双赢。该类孵化器对项目的筛选倾向于具有创新科技或创新服务模式的企业,入孵后对看好的企业会进行天使投资,并在毕业后的后续融资中退出实现股权溢价。该模式下较典型的孵化器包括创新工场、启迪之星孵化器、洪泰创新空间、联想之星等。

模式特点——"导师 + 基金 + 场地"

主流创新型孵化器模式,靠股权投资盈利该模式下的孵化器是当下创新型孵化器的主流模式,高度迎合美国成熟的创孵化器模式。该类孵化器对项目甄选条件较严苛,一旦入选后,孵化器会为企业配备投资人导师,或定期邀请成功创业者或企业高管举行创业培训,为创业者灌输企业运营意识,以降低创业失败率。导师亦有可能是企业的潜在投资人或未来的收购者。除了导师以及一系列的创业辅导之外,提供天使投资基金也是该类孵化器一大亮点。这类型孵化器在前期几乎属于净支出,不追求房租或者培训产生的盈利。而是在入孵时由孵化器提供天使投资基金,在毕业后的后续融资中孵化器会伺机退出,通过股权溢价实现盈利。也有极个别相当优质的项目会出现孵化器一直伴随至 IPO 的情况。

典型孵化器:创新工场

模式三：开放空间型

模式现状

办公空间类孵化器的孵化模式，是在孵化器 1.0 的基础上进行了全面的包装和完善，更注重服务质量和品牌效应，致力于打造创业生态圈。该模式的孵化器为创业者提供基础的办公空间，并以工位计算收取低廉的租金，同时提供共享办公设备及空间。孵化器会定期邀请创业导师来举办沙龙或讲座为创业者答疑解惑，指点迷津。在资金支持方面，该类孵化器虽不提供创业投资基金，但与各个创投机构保持着非常密切的联系，有的甚至邀请创投机构长期驻场，以便节省创业者的时间提高融资效率。当下为了打造独具特色的孵化器品牌，该类孵化器正积极营造创业生态圈，为创业者提供除了一个积极交流的氛围，例如在某一创业项目落地时，共同办公的创业者们互相成为了第一批用户，给予帮助和意见，实现快速试错。为了避免同行恶性竞争，该类孵化器也会有意避免将类似的创业项目安排在同一办公空间下。当前如车库咖啡、3W 咖啡、科技寺、Soho 3Q 等都已成功孵化了大批的创业项目。

模式特点——活动丰富，门槛较低

办公空间类孵化器相对于其他几类孵化器创立门槛较低，无需先进的科技或产业基地亦或者配备创业基金，因此吸引了多元化背景人才参与成立。总体来看可分为以下几个类型：

咖啡馆型孵化器是当下草根创业孵化器最流行的模式，创业咖啡馆的创始人大都是互联网从业者。

雷军投资的车库咖啡，创始人苏菂之前在一家上市公司工作了 5 年；3W 的创始人许单单是前华夏基金互联网分析师。可以说创业咖啡馆从诞生之日起，就汇聚了很多互联网行业资源，低门槛、低成本地向创业者开放。在这里创业者可以以工位注册企业地址，当企业扩张到 10 人左右时或者孵化了半年左右时就会被要求毕业，毕业的依据就是获得天使投资。在这里创业者可能会遇到不同的人，得到不同的资源，学到不一样的

知识,而且都是免费、开放的。行业活动几乎是所有创业咖啡馆的标配。想来听课或参会的人,只要注册报名,一般就能获得免费资格。例如北京的 3W 自开业以来已经举办了 300 多场活动,平均每周都有三四场活动,而且请来的人物都是创投界知名投资人和知名创业公司创始人。这些活动有一半是 3W 组织策划,还有一半是与合作伙伴共同操办。具体合作模式一般是收取场租费,如果对方有很好的讲师资源,也可免费提供场地。

办公空间类孵化器例如科技寺等,采用的是全开放式的工作区域,满足创业者在同一空间工作交流。其实模式特点与咖啡馆类型孵化器非常相似,定期举办创业沙龙,在产品、技术、法务等创业辅导方面为创业者提供支持。而盈利模式则主要依靠工位出租费来覆盖运营支出,例如北京最大的联合办公空间科技寺则是定价为 1500/ 月。而周边的会议活动等门票费用或者 FA 咨询服务也同样可以产生一定的收入,为该类孵化器带来盈利。

典型孵化器:3W 咖啡

模式四:媒体依托型

模式现状

媒体类创新型孵化器是指依托自身庞大的媒介平台,以为创业者提供多维度宣传为亮点,同时凭借对创业环境以及科技型企业的长期跟踪报道而积累的经验对创业者提供扶持帮助的孵化器。

现阶段较成功的包括如创业邦旗下孵化器 Bang Camp 和 36 氪旗下孵化器氪空间等。他们通过成熟的媒体平台为创业项目在极短的时间内造势,吸引眼球扩大用户群。同时对接各路投资人,通过形成线上至线下的一种约谈及投资的模式。

模式特点——媒体支撑孵化器

扩大知名度,吸引用户媒体型孵化器依靠自身媒体平台为创业者从多方面扩大知名度,例如举办创业大赛,使其通过与其他创业项目之间的对比凸显优势,同时与到场的投资人、评委等产生联系,形成潜在的投资机会。除创赛以外,发布在各类媒介的持续追踪报道或者专题报道也能为创业者快速造势,为项目营造正面形象,达到扩大知名度,吸引用户的效果。

行业经验丰富,无盈利压力媒体类孵化器,筛选项目的特点是通过自身多年跟踪报道创业投资行业和科技企业发展路径的经验,总结出一套自身发现优质项目的项目筛选理论。同时,对各个持续关注的行业积攒下的经验,不仅帮助孵化器在前端筛选时提升了发掘优质项目的机率,同时在后续孵化服务时也能传授给创业者,指明初创企业未来发展路线,提高创业成功率。而且其自身经营多年的媒体平台可为孵化器提供持续型的经济支持,使孵化器无盈利压力,不必急于从创业者身上获取回报,可专注于发展孵化功能。

典型孵化器:36 氪旗下氪空间

模式五:新型地产型

模式现状

新型地产类孵化器诞生的时间不长,模式较单一,靠出租办公位,并且提供共享办公设备,网络以及出租办公空间为盈利模式。主导机构一般都为大型地产商。然而在创业产业链条当中,房产服务处于最底层、最基础的位置。从地产商的角度出发,当下产业地产过剩严重已然是业内人士的一大压力,另外有数据统计显示北京全市商业地产整体空置率快速上升,2014 年同比增加 10.6%,与 2013 年同比增加 3.1% 形成明显对比。因此房地产开发企业为严重的地产供过于求而拖累,不得不转型探索新模式,而在国家大力鼓励创新创业的政策下,地产商背景孵化器的专业性仍处于摸索阶段。

模式特点——租赁空间灵活,靠工位盈利

当前阶段以 Soho 3Q、优客工场为代表。其提供的创业环境也同样是开放的,靠出租工位收费,但是缩小了一次性租赁面积,且缩短了常规型的租赁周期。为小团队创业者提高了灵活性。但是目前看来,这类创新型地产商孵化器才刚刚出现,但是体现出来的创业服务与其他几类创新型孵化器比相差甚远,而且尚且摆脱不了地产商的套路,在选址方面要求极高。在以往尚未有地产人成功打造孵化器的先例,在未来是否能够实现突破尚是未知数。

相比之下,优客工场的市场化的地产商型孵化器,并不同于以往的传统孵化器,而是套用创新型孵化器的模式,引入导师辅导机制、创业沙龙、天使投资等一系列的创业扶持计划,并提供价格低廉的创业服务,旨在降低创业成本,为创业者加速。

典型孵化器:优客工场

模式六:垂直产业型

模式现状

产业技术平台模式孵化器,指针对某一产业进行定向孵化,提供现有先进产业技术,同时提供孵化基金帮助特定领域创业者将技术落地,产业化发展。该类孵化器一般由政府或产业协会主导,招揽特定行业创业者,同样依托庞大的人脉以及行业资源提供除资金和技术以外的增值服务。这类孵化器能够把具有地方性特色或带有政府倾向性的产业扎实地发展起来,营造出品牌性的产业氛围。加之政府做引导与专业股权投资基金合作,从而政府实现资金回报,产业实现实质性飞跃。真正实现政府的战略引导、专业公司的运营、龙头公司的带动、公共平台的支撑,聚集产业链各个环节的核心企业,健全产业创新生态系统,完成新标准创制、新业态孵化、新领军企业培育的功能要求。现在我国正大力发展的产业基金 + 专业技术平台型型孵化器,有位于北京中关村和亦庄、重庆市江津双福新区、上海市北高新技术服务业园区等等多个云计算产业孵化器和专注网页游戏的石谷轻文化产业孵育基地等。

模式特点——基金 + 基地,产业导向型

该类孵化器特点就是"基地 + 基金",属于创新型孵化器中的重资产模式。虽说创新型孵化器提倡的是轻资产,重服务,引投资,但是由于产业技术平台模式孵化器同时还提供了先进的技术平台,需要依托特定的办公环境。中关村云基地就是该类型中的创新型孵化器。中关村云基地吸引了大批专注投资于云计算、大数据等创新科技行业的投资机构,其中一些在云计算硬件设备生产、基础软件提供、云产业链应用领域具有较强实力的企业,如自主研发和生产了中国首台云计算服务器的北京天地超云科技有限公司等就赢得了多家机构的共同投资。这种"基金 + 基地"的模式,也是对北京亦庄云基地的复制和延展。此外产业品牌链接了亦庄和中关村两个云基地,北京云计算产业也逐步形成了南北两个集聚区。北部以中关村云基地为核心,是新标准创制、新业态孵化、新领军企业培育区,偏重于"云服务",是中国云计算产业的创新策源地。南部以位于经济技术开发区的"北京云基地"为核心,是云数据中心和硬件产品制造基地,偏重于"云后台"。如此一来,北京云计算产业布局也基本完成。

发展趋势——各领域高科技产业基地崛起

"产业 + 技术"模式孵化器在中国的创新道路上才刚起步,正面临着朝创新型孵化器转型的阶段。在重资产模式下如何实现盈利是其面临的一大挑战。在国家重点培养新兴产业的氛围下,政府与民间相辅相成专注培养高科技细分市场将是一大趋势,其中将包括生物制药、清洁技术、新能源及文化产业等承载国家发展意志的产业基地。

(以上内容来自于清科研究中心)

这种分类方法,只阐明孵化器的外在形态,而没有揭示其内在运营形态。

众筹网的母集团先锋金融系旗下,拥有"汉美中国"和"蜂巢空间"两个老牌联合办公空间运营商,已经成功盈利运营了数十个类孵化器的项目。从实际运营中看,孵化器应分为五个迭代产品类型:

1. 第一代产品: 整建整租

在第一代产品类型中,地产逻辑比较重,运营商按照片区来获得房地产资源,按照整栋或整层形式出租。由于整体获得的成本较低,因此在增加了溢价之后,依然可以获得利润。

这种模式,在产业园形态最为明显。

2. 第二代产品:整购零租

这个当前联合空间运营商主要采取的方式,通过整层或大面积承租之后,进行分割装修,转租给小型业主。

目前各种创业咖啡,本质上是这个业务逻辑。

3. 第三代产品:公共平台

在第三代产品中,整合所有入驻团队的共同需求,如接待区、会议室、IT 和财务服务等,在装修设计阶段即进行合理规划,降低业务团队进驻成本。

由于入驻团队可以节约装修费用,以及免除了前期公共服务的采购成本,因此愿意付出比同等区域高出的租用溢价。

4. 第四代产品:众创空间

众创空间将孵化器运营从单纯的硬件产品基础,上升到置入软服务,如入驻团队的选择和辅导,投融资服务,职业训练等。

这一代产品弱化租金收入,代之以较为长期性回报的股权投资。

5. 第五代产品:众筹生态

众筹网正在整合集团内资源和社会资源,构建新型生态孵化器。从硬件上,来自"汉美中国"和"蜂巢空间"的运营经验,可构建出从 1 个人到 300 人团队成长过程中,无需迁址的成长性空间。从软件上,依托众筹的早期验证和融资功能,对接社会金融资源,完成入驻团队从创意到创业,从孵化到上市的全链条金融服务。

结合众筹网线上平台、众筹大学线下组织、众筹时间孵化器等,构成创业者生态体系。

后　记

　　众筹业务方兴未艾，许多信息和规则都还在随时变化。如果读者对本书，以及众筹行业有何看法和建议，欢迎与作者交流。

　　微信公众号：Dushibuluo（都市部落）或新浪微博：张栋伟

特别提示

2015年8月,证监会发出通知对全国"股权众筹"名义的网络平台进行检查。从透露的信息看,证监会将不再对股权众筹有"私募"和"公募"的区别,而是将"股权众筹"="公募股权众筹",由蚂蚁达客、京东东家、平安前海众筹三家开展试点。之前的私募股权众筹将改名为"互联网非公开股权融资"。

目前正式的法规仍未颁布,但为了不使读者产生概念混乱,本书中继续按照"私募股权众筹"进行表述,请读者自行判别。

此外,为了全面表述中国众筹市场情况,本书摘录转载了部分网络上的文章内容,请原作者联系本书作者获得稿酬,谢谢!